なぜ、脱成長なのか

分断・格差・気候変動を乗り越える

ヨルゴス・カリス／スーザン・ポールソン
ジャコモ・ダリサ／フェデリコ・デマリア

上原裕美子／保科京子 訳
斎藤幸平 解説

NHK出版

The Case for
DEGROWTH

Giorgos Kallis / Susan Paulson
Giacomo D'Alisa / Federico Demaria

装幀
松田行正＋杉本聖士

目次

・本文中における［ ］の番号は見開きページ左端に傍注（訳注）があることを示し、＊の番号は巻末に原注があることを示す。また、解説における★の番号は傍注があることを示す。

はじめに

2020年4月。わたしたち4人はバルセロナとフロリダにあるそれぞれの自宅でステイホーム生活をしながら、この本を書き上げようとしている。数週間前に、WHO（世界保健機関）が、新型コロナウイルスが世界的感染拡大の状態にあると宣言した。わたしたちは予言者ではないので、あなたがこの本を読む時点で健康と経済に対するこの危機がどうなっているか、予測することはできない。

それでも、ひとつ確信していることがある。脱成長（Degrowth）をめぐる議論は、これまでよりもいっそう現実味を帯びたものとなっているはずだ。

現在の生態系に見られる明らかなバランスの崩壊と、さまざまな社会問題は、経済成長の執拗《しつよう》な追求によって生じている――これが、わたしたちが本書で打ち出したい主張だ。今回のパンデミックは成長の限界を示す証拠であるとか、現在のライフスタイルが持続不可能だと知らしめる天罰なのだとか主張するとしたら、それはあまりにも思慮の浅い発言だと言えるだろう。疫病の流行は過去にも起きたし、未来にもかならずまた起きる。

だが、世界に張りめぐらされた空路と海路を通じて一気にウイルスが広がった事実にも表れているとおり、加速した世界経済の緊密な結びつきが、感染拡大の速度と範囲に追い風となったことは明白だ。現在の成長追求型の経済に必然的に伴う現象として、工業型農業が普及し、自然環境が侵食され、野生の動植物が商品化されることで、動物から人間への疫病感染も起きやすくなった。

一部の国家でリーダーが国民を守るために迅速かつ的確な行動を取れずにいる理由も、パンデミックの収束を待たずに経済再開を急いでしまう理由も、何が何でも経済成長を維持したいからだと考えれば納得がいく。こうした経済成長への固執は、科学的エビデンスやアドバイスを無視することになりやすい。過去数十年を振り返っても、化石燃料に依存する経済成長を維持したい気候変動否定派の言動が、世間の一部において、科学への信頼を薄れさせてしまった。経済成長を脅かす科学的発見を歓迎しないだけでなく、気候変動の影響緩和や適応に関する研究の足を政府が引っぱったり、疫病の感染拡大の解明や防止に取り組む機関の予算を打ち切ったりしている。

経済成長の名のもとに、公衆衛生にかける予算を削減し、社会と国民を守るためのインフラ整備をおろそかにしてきた数十年間のツケが、今回の危機に対する多くの国の対応力を弱める結果となった。パンデミックは既存の経済システムの脆弱《ぜいじゃく》性をむき出しにしたのだ。

富裕国ならば、そうした状態でも、公衆衛生と基本的ニーズをカバーするだけの資本がある。雇用やリソースを必要不可欠な部分へ割りふることで、それ以外の経済が後退しても、何とかしのいでいくことができる。しかし、あらゆるものがつながっている現在の経済システムにおいて、市場活動のどこかが衰退すれば、システミックな崩壊を招き、全体の失業率が上昇し、貧困は悪化する。仕方ない？　いや、そんなわけはない。そうでない道もあるはずだ。ウイルス、気候、金融、政治などに関連して、この先もかならず訪れる危機に対し、レジリエンス（しなやかな強靭《きょうじん》さ、回復力）をもって立ち向かっていくために、生活や人生を崩壊させずに生産活動を縮小できるシステムをつくらなければならない。

「成長できない経済と社会がどれほど悲惨なものか、それをコロナ危機が証明したんじゃないの？」

そんなふうに反論する読者もいると思う。そういう人にも、ぜひ、まずこの本を読んでほしい。パンデミック中に起きたことは、脱成長ではない。脱成長の目標は、人間と地球のシステムにもたらす害を最小限にするため、ものごとを意図的にスローダウンしていくことだ。現在の状況は確かに悲惨だが、それは炭素排出量が減少したからではない（排出が減るのはよいことだ）。多くの命が失われているから悲惨なのだ。GDPが縮小しているから苦しいのではなく（脱成長の視点ではGDPを重視しない）、成長が行き詰まったときに生活を守る方策が何も用意されていないから苦しいのだ。

意図してスローな社会をつくる

では、脱成長社会の定義となる条件は何か。それは互いのケア[1]、そしてコミュニティの連帯だとわたしたちは確信している。そのふたつが、より公平で持続可能な未来へ進むためのエンジンでもある。

災禍《さいか》のせいで否応《いやおう》なく成長が減速するのではなく、意図して計画的にスローな社会をつくっていく。それがわたしたちの目指す脱成長だ。今回のパンデミックでは、成長至上主義がもたらすさまざまな悲劇が浮き彫りになった。世界がこのような状況になっても、より生きやすく、より公平であるためには、どうしたらいいか。よりたくましく、よりよい形で今回の危機を乗り越え、未来の災害に備えて活動や方針を見直すにはどうしたらいいのか。そのカギとなる経済政策や社会の仕組みを考えていく必要が今まさに生じている。

脱成長を目指しても、スムーズな移行が実現するとは限らない。計画していない、意図していない混乱も起きるだろう。わたしたちの選択だけではどうにもならない状況に翻弄《ほんろう》されることもあるだろう。歴史を振り返れば、人類はときどき進路変更せざるをえない場面を迎えている。停滞した時代がもはや維持不可能になったタイミングで、予想もしていなかった出来事が起き、新しい可能性が開かれ、そのほかの道が強制的に閉ざされることもある。

新型コロナウイルスのパンデミックは、まさにそうした出来事だ。とつぜん、もののごとの方向が根本的に変わって、よくも悪くも、これまでは考えられなかった多くのことが検討可能になった。1930年代の世界恐慌のときもそうだった。深刻な不況から、フランクリン・ルーズベルトのニューディール政策が生まれ、他方ではヒトラーの第三帝国が生まれた。だとすれば今、わたしたちの目の前には、どのような可

[1] 看護、介護、保育、世話、手伝い、配慮など、さまざまな形で手を差しのべること。

能性と危険が広がっているのだろうか。

さいわいなことに、今回のパンデミックのさなかで、科学や政治、倫理の分野における多くの専門家が、利益よりも人間の健康とウェルビーイング（幸福）への配慮を重視すべきである、というメッセージを発信している。若い世代が高齢者を守るために外出を控える様子にも、介護や医療にかかわる人々の責任と犠牲の精神にも、脱成長論が重視する「ケアの倫理」の意識が今あらためて高まっていることがうかがわれる。

もちろん、多くの人がステイホームを行う理由は、ウイルスが怖いから、自分の身を守りたいから、国によっては罰金を払いたくないからでもある。ケアワーカーが働く理由は、生活費を稼がなければならないからでもある。しかし、このあとのページで論じていくように、こうした危機に団結して立ち向かうためには、自己犠牲と連帯の精神、自己の利益と集団の利益、正しい行動を促す政府介入と世間の共通認識、それらのすべてを組み合わせていかなければいけない。

社会に深刻な不平等が広がっているのは今に始まったことではないが、今回の危機では、また新しい形で不平等が影を落としている。ステイホームを行う余裕のある人がいる一方で、適切なセーフティネットもなく失業する道を選ぶのか、それともウイルス感染の可能性にさらされながら、医療や介護、あるいは基本的な生活ニーズを支える仕事に向かうのか、二者択一を迫られる人もいる。感染拡大の影響は国によっても、地域によっても違いがあり、弱い状況や立場にある人ほど、大きな負担を背負うことになりやすい。彼ら・彼女らを含めたすべての人間が守られていなければ、もっとも裕福な人間であろうと感染の可能性から逃れられないというのに、こうした不平等は野放しになっている。

一方で、過去に起きた危機と同様に、今回の危機においても、企業や政府では人々のニーズを満たすことのできない領域で市民が行動を起こし、自主的な組織づくりを行っている。助け合って高齢者に食べ物や医薬品を届ける、医師やエンジニアやプログラマーが手を組んで3Dプリントできる人工呼吸器を開発する、学生たちが医師や看護師の家庭でベビーシッターを引き受けるなど、内容もさまざまだ。

ウイルスが感染性であることを考えれば、彼らの行動力に尊敬の念を抱かずにはいられない。誰かのために役立とうとすること、すなわちケアの実践、そして共有財産《コモンズ》をともに管理すること、すなわちコモニングの実践こそが、わたしたちが思い描く脱成長社会の基盤だ。パンデミックが収束し、破綻《はたん》しかけた経済を修復する困難な歩みが始まったときにも、ケアとコモニングのダイナミズムは、人類を支える大切な力になる。

本書で訴える政策

個人と草の根のネットワークに生まれるポジティブな行動力が必要であることは確かだ。とはいえ、それだけで持続的な変革を進めることはできない。国家が安全と医療を保障し、環境を守り、経済的セーフティネットを提供しなければならない。

わたしたちが本書で訴える政策は、今回のパンデミック前から必要だった。パンデミックのさなかでその重要性はさらに増し、収束後には不可欠になると考えている。具体的に言えば、グリーン・ニューディール政策と公共投資のプログラム、労働時間の削減と雇用の共有（ワークシェアリング）、ベーシックインカムやケア・インカムといった所得の保障、基本的な公共サービスの確実な提供、そしてコミュニティ経済への支援である。[2]

さらに、炭素排出に価格を設定するとともに、財産および高所得、天然資源の使用、汚染物質の排出にも課税を行い、財政の仕組みをつくり直す。このあとのページでくわしく考察していくとおり、現在の経済で行われている資源集約型の活動、環境負荷の大きい活動は放棄していかなければならない。実際、パンデミック対応の一環として、そうした活動のなかで生活維持に直接的に必須ではないものは手放さざるをえなかった。

わたしたちは現在、パンデミック下の成長できない経済を制御していくと同時に、パンデミック後の世界のために成長しない経済を成り立たせていくという、根本的な変革のときを迎えている。基本的な財とサービスの供給を確保し、より少ない資源消費で生を謳歌《おうか》し、人生に肯定的な意味を見出しつつ、資本主義経済のさまざまな構成要素を退場させていくには、どうしたらいいのか。

すでに、さまざまな政治的立場において、ラディカルな提言が検討され始めている。パンデミックへの対応として具体的なソリューションが提示され、部分的に導入もされるようになった。たとえば企業や政府機関が勤務時間の短縮に乗り出し、ワークシェアリングを実施している。多様な形式のベーシックインカムも議論されている。休業や失業を強いられた労働者への経済的支援策も制定された。ケア・インカムを求める国際的なキャンペーンも始まった。必要不可欠な物資やサービスの確保も政府主導で行われている。家賃、住宅ローン、そのほかの債務支払いに対する猶予《ゆうよ》措置も検討ま

［2］それぞれの内容についてはあとの章で論じていく。

たは導入されている。莫大《ばくだい》な政府支出が必要となることへの理解も広がっている。

この本では、気候変動にかかわる多種多様な脅威を含め、この先もかならず訪れる危機の影響を緩和するという目標に向けて、経済のあり方を再構成する方法を提示していきたい。化石燃料を扱う企業、航空会社、クルーズ船運営会社、観光業の大企業に助成金を与えても、それは危機の緩和にはつながらない。国家が行うべきは、グリーン・ニューディール政策に予算を投じ、国民の健康および医療にかかわるインフラを立て直し、より環境負荷の少ない経済へ移行しつつ、それが労働者を犠牲にしない「公正な移行」となるような雇用を創出していくことだ。

原油価格が急落したなら、化石燃料に徹底的に課税し、環境投資と社会投資を支える資金を調達して、労働者には減税措置や、何らかの形の「配当」として行き渡るようにしなくてはならない。公的資金の使い道として望ましいのは、企業や銀行の救済ではない。ベーシックインカムやケア・インカムの創出だ。それが、人々とコミュニティが人生と暮らしを立て直す後押しとなる。

このウイルスを経験した世界は、決して以前と同じ状態には戻らない。進むべき道の選択には困難を伴うこともあるだろう。人間と自然環境に与える影響ができるだけ少なく、より公平で、よりレジリエンスを備えた社会に向けて舵《かじ》を切るために、わたしたちは闘っていかなければならないだろう。力をもつ側が、現状を維持しようと駒を並べ替えるだけで、力の弱い側にコストを押しつけようとしてくるかもしれない。しかし、今回のパンデミック以前に推進されていた過剰な成長追求の代償を支払うのが、環境や労働者であってはならない。成長を追い求めることでもっとも多く利益を得てきた者が、その代償をきちんと支払うよう、さまざまな活動を連携させることによって体制を整えていくべきだ。

新型コロナウイルスによるパンデミックという今回の危機が、可能性よりも危険のほうを数多く広げてしまっていることは否定できない。恐怖ばかりを煽《あお》る政治、市民活動に対する監視や管理の強化、外国人差別や責任のなすり合い、そしてコモニングや自主的な組織づくりの足を引っ張る自宅隔離の措置には、不安を感じずにはいられない。外出禁止令、隔離生活、法令による暮らしのコントロール、出入国に対する規制、選挙の延期といった手段がいったん採用されると、この先も政治的に利用可能な武器として位置づけられ、ディストピアの未来を招くことも考えられる。

こういったリスクに対抗するためにも、相互扶助とケアで成り立つコモンズをベースとして社会を再構築し、集団が求めるものが成長ではなくウェルビーイングと公平性となるよう、風向きを変えていかなくてはならないのだ。この本は、そうした方向へと読者の目を向けさせ、ヒントを示すことを目指している。これは決して単なる高尚な夢物語ではない。わたしたちが望む世界を構築するために、生活のなかで今すぐ始められる具体的な活動や方針を明らかにするつもりだ。公平で環境負荷の少ない社会の実現に向けて、さまざまな活動の相乗効果を引き出す政治戦略についても考えていく。

この本を執筆するわたしたち自身も、脱成長論を読者に納得してもらうには相当な努力が必要だということはわかっていた。それでも、幸か不幸か現在のシステムが自滅しかけている証拠がありありと見えるようになったことで、その努力も多少は楽になっているのかもしれない。既存のシステムを回し続けるためだけに、より多く生産すべし、より多く消費すべし、と煽ってくる「常識」に対しては、この12年で2度目の大規模な世界的経済危機に踏み込もうとしている今、疑いの目をもつ人も増えているのではないか。

わたしたちにとって何が本当に大切なのか、あらためて考えるタイミングとして、まさに機は熟している。大切なのはＧＤＰではない。人間と地球の健康とウェルビーイングだ。

それを実現するのが、脱成長なのだ。

第1章

「脱成長」とは何か

脱成長論とは、経済成長の追求をストップして、生活と社会の視点をウェルビーイングに置き直すことを主張する議論である。この本では、すべての人が真の意味でゆたかな暮らしを送るための変革を促し、既存の資源をどう分かち合えばいいか、そしてより少ないお金で、より少ない搾取と環境負荷で、よりゆたかな暮らしを実現するためにどのような投資をしていくべきか、考察していく。

環境破壊や、さまざまな不平等、搾取の実態については、読者もすでに見聞きしていることだろう。脱成長の視点では、そうした厳しい現実が、現代の経済では不可欠とされている成長追求と結びついていると考える。困難を乗り越えるためには、「もっと」を求める際限のない衝動に背を向けることが必要なのだ。

人間と天然資源に対する搾取・収奪の行為や、汚染排出、大量廃棄を続ければ、地球環境の悪化は避けられない。本書著者であるわたしたちはヨーロッパと北米に住んでいるが、これらの国々で成長を維持していくのは、もはや経済的に健全なことではなくなった。社会や生態系、個人が背負う費用のほうが、成長の便益よりも高くついてしまうのだ。社会や生態系が背負うコストを覆い隠し、会計帳簿の外に追い出し、ダメージをほかの地域やほかの人々、もしくは未来の世代に押しつけるメカニズムのせいで、そうした現実は表面には見えてこない。

エビデンスを見れば明白だ。成長追求の活動が環境と社会にどれほど大きな害を与えてきたか、ここ半世紀ほどの研究ではっきり示されている。[*1] ところが、人間の経済活動が消費するモノとエネルギーの量は増える一方だというのに、政府や企業は、スウェーデンの環境活動家グレタ・トゥーンベリが2019年の国連気候行動サミットのスピーチで表現した「経済成長が永遠に続くというおとぎ話」を信じ続けている。

方向転換を遅らせている要因は何だろうか。不均衡に多くの便益を享受している特権的な人々が、自分たちの負担とリスクを少しで済ませられる成長システムを維持するため、都合のよい手段を高度に駆使していることは間違いない。しかし、たとえイーロン・マスク[1]が地球上の富裕層上位1パーセントを火星へ送ったとしても、全面的にとは言わないまでも、多くの場面で経済成長を求める活動は続くだろう。成長追求型の経済によってもっとも搾取され、もっとも不利な立場に追いやられている人々のなかにさえ、成長を目指す欲求は残る。植民地主義経済、資本主義経済、そして化石燃料が支える経済の拡大とともに、そのなかにがっちり埋め込まれてしまった生き

[1] 電気自動車メーカー、テスラのCEO。宇宙開発企業スペースXも経営している。

方や考え方の様式が、新しい方向への転換をむずかしくさせているのだ。

人類の歴史を振り返れば、文化や生物の多様性はもちろん、言語、技術、家族のあり方、信仰における多様性こそが、人間の適応力やレジリエンスの基盤となってきた。だが、成長追求という様式がグローバリゼーションの名のもとに世界に広がって、そうした多様性と入れ替わってしまった。経済成長と一緒に進化してきた世界観や社会システムが、世界中に拡散し、どの地域でも同様の経済成長を推進しているせいで、多様な集団が異なる生き方を維持したり、編み出したりすることが困難になったのだ。経済成長ありきという思想にすっかりなじんでいる集団にとっては、それ以外の生き方など、ほとんど想像もできない。

現代の危機に立ち向かおうとしている意識の高い人たちも、多くは成長そのものには疑問の目をもたず、ただ今よりも環境にやさしく、今よりも包摂的《インクルーシブ》な経済成長を目指そうと主張する。保守派も進歩派も、経済のスローダウンは考えない。グリーンテクノロジー[2]の開発を推進する、もしくは社会的便益を拡充するという理由のもと、あくまでパイの拡大を追い求めようとする。不景気を防ぐ手段として経済成長を推進するという点では、どの党派の政治家も同じだ。少なくとも建前上は、景気後退に対してもっとも脆弱な層を守るため、というのが彼らの理屈である。

20世紀半ばには、こうしたパイの拡大と連動して、多くの国で中間層が拡大し、国内の所得格差も縮小へと向かった。ところが1980年代以降は、国家および世界的なパイの驚異的な成長が、国内でも国家間でも、富および所得の不平等な分配と結びついている。[*2]アメリカでは10年以上連続でGDPが成長しているにもかかわらず、国内のもっとも裕福な世帯ともっとも貧しい世帯の差は、過去50年間で最大と言える規模に広がった。[*3]それと同時に、パイの拡大が生み出す環境負荷は、もともと貧しく、ないがしろにされている人々に、著しくかたよって被害をもたらしている。何百万という人々が住む場所を失い、「気候難民」と呼ばれる状態になった。負債、ダメージ、不安定さという負の遺産が未来の世代に渡されることで、世代間の不公平も生み出している。

ギリシャの経済学者ヤニス・バルファキスは、こうした状況を受けて、これまでとは質の異なる成長が必要だと主張した。

「地球と人間の存続可能性を破壊している『モノ』（ディーゼル車、環境を汚染する農業手法、

［2］地球環境を守るための技術。

森林伐採を伴う畜産農場、負債を生むばかりの有害な金融手法）の成長を、わたしたちは止めなければならない。そして人間として生きるために必要な『モノ』（グリーンエネルギー、医療や介護や保育のサービス、教育、持続可能な住宅）の成長を推進していかなければならない[*4]」

そのとおりだ。だが、バルファキスが言うような、よいモノだけを生産する成長は維持できるのだろうか。そうした転換で、本当に環境負荷を軽減できるのだろうか。脱成長の視点では、そこに疑問の目を向ける。よいモノを生産する場合でも、悪いモノの生産は変わらず発生するからだ。

たとえば、太陽光パネルの製造には希少な鉱物の採取が必要となるため、山を崩し、川を汚染する。船やトラックで原材料やパネルを運べば、多くの炭素が排出される。道路、港、工場の建設は自然環境を破壊する。世界経済が年間成長率3パーセントを維持するとしたら、2100年には今の11倍の規模になる計算だ。環境にやさしい生産体制に大きく移行していたとしても、環境負荷が何倍にも増加することは避けられない。

脱成長論は、人類がこれまでとはまったく違う形で、これまでよりも少なく生産し、少なく消費していくことを訴えている。全体のパイを縮小し、より多くを共有し、より公正に分配していかなければならない。レジリエンスを備えた社会と環境で、よろこびと意味のある生活を成り立たせていくために、新しい生き方と新しい関係性を育む価値観と制度が必要なのだ。

脱成長論が目指すもの

わたしたちがこの本で目指すのは、公平なウェルビーイングを軸として生活と政策を立て直すよう、市民、政治にかかわる人々、活動家たちの背中を押していくことだ。新たな選択肢に対する理解や構想を理論化して終わるのではなく、今から動き出すための実現可能な戦略を考え、読者の思考と行動を刺激していきたいと思っている。

すでに、日常生活やコミュニティで新たな手法を実験したり、食やエネルギーの代替システムを考案したりと、さまざまな活動が実行に移されている。制度、技術、関係、日常生活で行われる生産労働／再生産労働など[3]、多様な方向から今まさに進んでいる多くの改革運動は、相互に組み合わされることで、いっそうの相乗効果が起きる。

[3] 生産労働と再生産労働については第2章で論じる。

異なる領域で起きるダイナミズムや影響力が合わさると、「共進化的な改革（Coevolutionary change）」が進む。一場面だけ切り取れば、個々の局面は変えられないようにに見えるかもしれない。固定のシステムのなかで、そのほかの事情と結合していて、どうしようもないと思えるかもしれない。しかし、前例を壊す出来事が、たいていは予想外の展開で起きたとき、状況を大きく変容させるポテンシャルが解き放たれ、既存の多様性も肯定されていくことがある。適応も、革新も、意外な転換も起きる。たとえば主流派の活動やビジョンと、主流派ではない活動やビジョンが、ともに手を結んでいくことができるかもしれない。制度化された仕組みと、草の根の仕組みのあいだにも、長く続いてきた伝統と、新しい実験的試みのあいだにも、相互の注目と協力を生んでいくことができるかもしれない。

かつてヨーロッパで産業資本主義が生み出されたことで、世界は大きく変わった。そして20世紀になって、多様な主体や生活様式が「第三世界」という枠にはめられたことによって、やはり世界は深く変質した。それらと同じくらい大きく根幹的な変容を、現代の世界は迎えようとしている。生態系と地球のシステム全体が悪化し、すでにさまざまな災禍が起き、多くの人々に影響を与えている。感染病の拡大で経済と日常生活が破壊されているのも、そのひとつだ。こうした影響が積み重なることで、より多くの地域に住む、より多くの人々に、より深刻な被害がおよぶことは疑いようもない。そして経済はますます不安定になる。

これらの課題に対する政治的な対策はさまざまだ。国内の社会プログラムの財源として資源採取産業を拡大し、人間の搾取や自然の収奪を行いながら、利益が国外に出ることを制限するのは、これまでの採取主義のあり方から進化した「新・採取主義（収奪主義）」と言えるだろう。一方、権威主義的なナショナリズムのもとでは、移民を排除し、自国民だけを支える社会プログラムに費用を投じて経済成長を追求しようとする。新自由主義《ネオリベラル》が求める緊縮財政では、政府支出を大きく削減することで、ごく少数の者の富を守ろうとする。独裁主義的な緊縮財政の場合は、同様に政府支出を大きく削減するが、浮いた財源を社会的動乱制圧のための軍備や取り締まり活動に投じていこうとする。

脱成長は、そのどれでもない手法で、目の前に迫る根幹的な変容に対応していくことを目指す。連帯し、余剰を分け合いながら、節度ある生活を協力して維持する――そのための方針や行動を呼びかけるのだ。

この章の後半では、脱成長の主なコンセプトを説明したい。そのあとの第2章では、経済成長を追求することで増え続けるコストについて考える。第3章では、成長追求型の未来を目指さない生き方や、同じく成長追求型を目指さない関係性、制度、生産労働／再生産労働をすでに導入している事例に焦点を当てる。第4章と第5章では、さまざまな規模や分野における既存の取り組みを支援・強化する条件を政府や市民社会が整えるよう、そして成長追求に背を向けた相乗的共進化を推進するよう、それらを可能にする政治的戦略を考えてみたい。

物質成長と経済成長

この本では、市場活動の増大や、人間の経済活動が使用する物質の増加に注目し、そのほかの種類の成長と区別して考えている。「物質成長（Material growth）」という言葉で意味するのは、人間社会が改変するモノやエネルギー（伐採する樹木、燃焼させる石炭、食用にする動植物など）の量的な増加のことだ。研究者はそうした増加を物質フロー分析[4]やエコロジカル・フットプリント[5]といった指標で計測して、近年における物質成長の加速と、気候変動や海洋酸性化、生物多様性の喪失、淡水資源減少などの危機との関連性を調べている。*5

物質成長を抑制すれば、こうした望ましくないインパクトは多少なりと軽減されるというのが、地球環境を調べる科学者の一致した見解だ。[*6] 森林破壊、土壌の砂漠化と浸食、水と大気の汚染、河川や泉の枯渇《こかつ》、畜産・水産資源の減少などをもたらし、生活と世界を脅かすと見られる経済活動の拡大に対して、専門家のみならず、大勢の市民が不支持を訴えている。たとえばペルーでは、氷河の融解によって多くのコミュニティが被害に直面している。モルディブも海面上昇のせいで存続の危機にある。[*7] アメリカ・ミシガン州の都市フリントは水汚染問題に苦しみ、[*8] ルイジアナ州の「がん回廊」と呼ばれる工業地帯では環境汚染のせいで死者が出続けている。[*9]

同じくこの本で使う「経済成長（Economic growth）」という言葉は、市場で交換される財やサービスの貨幣価値における増加を指す。各国の「国内総生産（GDP）」として計算される価値のことだ。物質成長が環境破壊をもたらすことは広く見解が一致しているのに、経済成長はそれとは正反対に、恩恵のあるもの、必要なものとして支持されている。世界中の学者、政治家、開発専門家が、GDP成長率を望ましい変化の代

［4］資源の採取・消費・廃棄の量的な流れの研究。
［5］人間が環境に与える負荷を表す数値。

替指標として、あるいは変化を導く手段として用いている。

だが、統計分析に表れているとおり、平均寿命や識字率、平等、安全、政治参加、メンタルヘルス、幸福を測る数値の改善と連動するのは、経済的平等の拡大であって、GDPの高さではない。収監される犯罪者、肥満、殺人、自殺の割合においても、GDPの高さがそれらの数値を下げることはない。[*10]

経済成長の恩恵と言われているものは、本当にどれもこれも恩恵なのだろうか。そこに望ましくない悪影響が生じているのではないか。第2章でくわしく説明していくが、経済成長は社会的な不平等と地理的な不平等のうえに成立している。そうした不平等が、物質とエネルギーの不等価交換を促している。経済成長は、害を伴う物質成長と分かちがたく結びついており、おそらく今後もその連結が崩れることはない。一部の生産手段が以前よりも環境にやさしいものになり、資源の消費効率も高くなっていることは確かだが、国全体、そして地球全体の経済成長は、やはりエコロジカル・フットプリントの増大と切り離せない。

最近発表された包括的なレポートが、こう結論づけている。

「環境崩壊への対策として、相当の規模で経済成長と環境負荷を分離（デカップリング）していくことが必要なのだが、それが行われているという実証的なエビデンスはどこにも見られない。おそらくさらに重大な点として、そうしたデカップリングが今後行われる気配もない」[*11]

成長の3つのリズム

成長には3種類のリズムがある。循環型、永続型、複利型だ。

生物の成長は循環型に当てはまる。種が育って木になり、幼児が成長して大人になる。ある時点まで来れば個々の有機体の成長が止まり、やがて死んで腐っていく一方で、また新たな有機体が成長を始める。個々の有機体のライフサイクルが集まって大きなシステム――森、家族、都市――を形成し、ほかの要因と相互作用しながら拡大や衰退のさまざまな経緯をたどっていく。

ときには特異的な成長も起きる。がん細胞が増殖して大きな腫瘍《しゅよう》になる、植物や動物の外来種が増えてほかの動植物を圧倒する、ウイルスが宿主《しゅくしゅ》の体内で増殖する、感染が数日ごとに倍の速度で広がっていく……。だが、最終的には、こうした爆発的増加も別の条件とぶつかって、成長スピードが落ちる、もしくは止まっていくものだ。がんは患者が死亡すれば終わる。自然環境の変化は、不毛な地になってしまえば終わる。ウイルスは、人間に免疫ができれば感染拡大が止まる。

永遠に成長し続けられるものなど何もない。自明であるはずなのに、20世紀の世界はその真理を無視してきた。経済学においても、さまざまな政治イデオロギーにおいても、永続型成長を求める願望が牽引《けんいん》力をもったのだ。企業も銀行も、経済学者も政府も、利益やGDPが成長し続けることを前提とした戦略を立てた。つねに新しい世代が前の世代よりも多く稼ぎ、多く消費するという、右肩上がりの軌道を邁進《まいしん》した。このプロセスに参加すると、永続型成長こそが自然かつ正しいものと思えてくるのだった。

しかし、永続型成長は、まったく自然ではない。『ジャックと豆の木』のように植物が育ち続けて天に届くことはないし、人間が成長し続けて巨人になることもない。コミュニティが都市になり、いずれ帝国になることはあるだろう。そうすれば物質とエネルギーの使用量は総量としても、人口1人当たりの量としても増えていく。それでも長期的に成長が継続することはなく、周期的に増減を繰り返すので、人間社会の全体的な物質代謝はおおむね一定のままだ。少なくとも、人類史の最初の99パーセントはそうだったのだ。考古学の研究によると、数千年のあいだ、人間がつくる集団のほとんどは安定的な代謝水準を保っていた。現代でも、ベンガル湾のアンダマン諸島に住む人々や、南部アフリカに住む狩猟採集民のクン族やサン族は、社会の物質代謝がおどろくほど低い。[*12]

にもかかわらず、大衆向けの娯楽メディアや、美術館、歴史書などは、もっと一般的だった安定した暮らしについては語らない。もっぱらローマ帝国やマヤ文明、インカ帝国の驚異的拡大のスリルばかりを特集するせいで、そうした歴史観に慣れてしまった人々にとっては、永続型成長のほうがあたりまえという感覚になった。

20世紀には、ヨーロッパによる植民地主義の進行とともに、世界のGDPと資源消費量の増大、廃棄物の発生と汚染物質の排出にも拍車がかかり、複利と呼ばれる成長率で加速した。複利成長率のとんでもなさを教える有名な逸話を紹介しよう。あるインドの王様が、チェスというおもしろい遊びを気に入って、チェスを考案した者に、ほうびに何がほしいかとお尋ねになった。すると考案者は、ずいぶんささやかに聞こえるほうびを所望した。

「穀物をいただきたいのです。チェス盤の1マス目に穀物を1粒置いてください。2マス目に2粒、3マス目には4粒と、1マスごとに倍にしていってください」

64マス目で、王様は18,000,000,000,000,000,000（1800京）以上の穀物を置かねばならないという計算だった。

この逸話の結末は諸説ある。考案者が王様の相談役として登用されたというバージョンから、あっさり首を落とされたというバージョンまで、さまざまだ。現代なら、伝説の考案者は有名な経済評論家になって、「年平均成長率3パーセントで経済は24年ごとに倍になり、48年で4倍になり、1世紀で16倍になる」と謳《うた》っていることだろう。もちろん今の経済評論家は穀物の粒など数えない。彼らが扱うのは、すでに年間物質採取量が920億トンとなった世界経済だ。[*13]

複利型成長の目を見張るほどの増大ぶりに対して、反応は両極端に割れている。多くのアナリストは、惑星としての地球の限界、安価な資源の枯渇、そして少なくなった資源を奪い合って起きる紛争のせいで、成長システムが修復も間に合わないほど不安定化していることに言及し、成長追求の時代は終焉《しゅうえん》を迎えたと主張する。だが、野心に燃える政治家や企業家は、それとは正反対に、複利型成長が今後も続くことを期待し、そのような未来に進もうとする。

コモンセンス

永続型成長と複利型成長は、有限の惑星においてはまったく筋が通らないように見える。ところがたくさんの人々が、そうした成長が常識であると受け止めている。

販売員は、毎年、前年よりも多くの商品を売ろうとする。研究者は、より多くの論文を発表しようとする。消費者は、いっそう大きなテレビへと買い替える。経営者は、事業拡大の道を模索する。もっと生産し、もっと消費する、それがゆたかな暮らしだという想定を疑うことはほとんどない。

「常識、良識（コモンセンス）」とは、一般的に、健全な判断のことだと定義されている。社会生活と習慣のなかで実行され、健全であると認識されてきた知識、価値観、想定を積み上げてきたもの、それが「常識」であって、そうでないものは不健全だとみなされる。これまでどおりのやり方が自然で合理的であると主張し、現状を維持するために、常識が利用されることが多い。慣習的な信念が自明の理だと言われると、そのイデオロギーに疑いをもつことはできなくなる（もしくは、疑いをもつのは不道徳である、非国民であるとされる）。

人類が過去に体験してきた危機に肯定的な要素を見つけるとすれば、それは真理として確立されていた認識を揺さぶり、変容の可能性を開いたことだ。不安定な時代には、往々にして、それまでの常識にもとづいて選んでいたやり方から離れることになる。今回のコロナ危機においても、個人の願望を満たすのがあたりまえ、他人を蹴落とすのがあたりまえ、市場では支配を目指すのがあたりまえという風潮から、節度ある暮らしを送ろう、寄付をしよう、思いやりを示そうという方向へ、世間の空気が移行する様子が見られた。キリスト教は昔から思いやりの重要性を説いている。ローマ教皇フランシスコの2015年の回勅《かいちょく》「ともに暮らす家を大切に」でも、そのことが強く語られている。[*14]

だとすれば、混迷するこの時代において、わたしたちは成長ありきという常識の亀裂に光を当てることができないだろうか。永続的に成長せねばならない、横にいる誰かに勝ち続けなければならないという認識に、異議を申し立てることはできないだろうか。

脱成長論が目指すのは、成長を追求するのは自然な本能であるという一般的な確信を揺さぶることだ。文化においても科学においても、進化とは人間が経済的拡張に向かうことだ、という言説はきわめて根強い。「人間は、もっと多くを求めるよう、遺伝子に組み込まれているのだ」「人がほしがるものをどんどん発明していくことで、必然的に経済が成長する」「成長を止めさせるのは暴虐的だ。人間の本質に背いている」……。人間の遺伝子は利己的なのだから、誰でも自分だけで資源を独占したいと思うのは当然であるとか、共有地《コモンズ》の奪い合いで悲劇が起きるのは宿命なのだとか、そんな思い込みを根拠にした常識が広がっている。ほかにも、人間は本質的に経済的合理性を求める「ホモ・エコノミクス」であって、つねに個人が得をするように効用を最大化するものだと言われたり、ありもしない自己調整的市場の存在が謳われたりもする。

成長追求型の行動を生得的なものだとみなし、それゆえに崩すことはできないと語る主張が、変革への行動力を萎《な》えさせてきた。だが、反論は不可能ではない。利己的で強欲な個人がひっきりなしに競い合うことが共通善《コモングッド》に向かう自然な道なのだという考え方を、わたしたちは肯定するわけにはいかない。

他人に勝つことで満足が得られるのだとしたら、全員が充足感を得ることなどありえない。人は、経済学者が「地位財」と呼ぶものの誇示的散財、具体的に言えばブランドの衣服や、大きな家、エキゾチックなバケーションを人に見せびらかすために購入することによって、他人を上回る自分の成功を認識する。手に入れられる数が限られているからこそ、そこに価値が生まれるのだから、地位財を通じて全員が充足感を得ることは不可能だ。仮に経済が成長し、誰もがフェラーリを所有したならば、フェラーリの象徴的な価値はふつうのスクーターと同じになるので、もっと高価なモノで他人を上回る地位を得なければならない。

最大の悲劇は、他人を上回ることを目指していれば、すなわち他者を置き去りにする（もしくは追い落とす）ことになるので、不平等が広がり、社会全体のウェルビーイングが損なわれることだ。これは多くの指標で確認されている。

他人に勝つことを是とする道徳判断を、そのまま正反対にひっくり返せば、相互扶助、互恵性、そして共通善のために共有の資源を管理していくことを是とする考え方が浮かび上がってくる。脱成長は、「強欲なのは自然なこと」「多いほうがよいこと」という常識を受け継がない。「多くを分かち合い、不足を少なくする」「ほどほどで満足する」といった認識を、共通の分別《コモンセンス》として育てていきたいのだ。実際、世界各地のさまざまな文化や信仰の伝統が、この発想を昔から大切に守り続けている。

コモンズとコモニング

成長を目指さない未来で、ゆたかな暮らしを実現するためには、人と人との関係、そして、人がつくり人が住む環境との関係を、今とはまったく違ったものにしていく必要がある。第3章では、コモンズ——人間が共同で管理し共有する資源や生活システム——という仕組みを通じた有望なアプローチについて考察する。

コモンズの形はさまざまだ。森林、漁場、都市空間、デジタルツール、知識、技術、音楽などもコモンズである。コミュニケーションや規制、実験を重ね、互いに支え合い、衝突があれば話し合いながら、そうした共有の資源をつくり、維持し、享受していくプロセスを「コモニング」と言う。

コモンズ復権のムーブメントは、土地や水、医療、文化的知識、パブリックスペースなど、あらゆる資源を民営化・商品化する風潮を否定し、それらの資源に対してコミュニティができるだけ大きな主導権を確保・維持することを要求してきた。ローカルの規模で共同管理を実践し、それをモデル化していけば、大気、水、そして人類が生息可能な地球など、より大きな規模でグローバル・コモンズを管理していく力も築かれる。

人類が生き残れるかどうかを決めるのは、コモンズの具体的な中身（淡水資源、魚類の個体数、肥沃《ひよく》な土壌、デジタルツール、医療、子育てなど）だけではない。コモンズのある世界を生み出し（生産）、次世代へとつないでいくには（再生産）、それを成り立たせる社会文化システムも必要だ。言語、知識、信仰、そして家族のあり方などが、そこに含まれる。ホモサピエンスは単独では生き残れない。抽象的な思考とコミュニケーションの能力を活かして、共有するシステムをともにつくり、維持し、適応させていくことこそが、わたしたち人類のユニークな強みなのだ。

脱成長

脱成長の思想と実践は、ふたつの切り口から方向転換を促す。ひとつは、物質使用量と市場取引の拡大を止めること。もうひとつは、成長なしでゆたかな生活を送ることのできる制度、人間関係、人を育てていくこと。このふたつは実質的に不可分だ。人間や人間以外に対する害を最小限にすることを意図した方法で、スローダウンすることを目指さなくてはならない。そして、命のはかなさの前で生きる意味を見つけられないもどかしさ、苦しみ、悲しみから目を背けようと、必死になってもっと働き、もっと買おうとする生活ではなく、根気と思いやり、自他へのケアに時間とエネルギーを注ぎながら人生を歩んでいけるようにしていきたい。

脱成長とは、不足や欠乏を強いられることではない。誰もが尊厳を保ち、不安を感じず、友情や愛情や健康を実感して生きていくこと、そうした生き方をするに充分な環境の確保を望んでいる。お互いを世話し合い、支え合い、余暇と自然を楽しみながら生きていこうとするのが、脱成長なのだ。

脱成長論は、ひとつの一元論ではないし、ひとつの行動計画でもない。おどろくほど多数の思想家や活動家のネットワークが、さまざまな取り組みを試している。脱成長とは何か、異なる背景で具体的にどのような形式になるか、もしくはなるべきか、活発な議論を繰り広げている。成長追求による有害な影響を明らかにしながら、生産至上主義的な野望や消費主義的なアイデンティティを捨て、人間と生態系がともに栄え、自立共生《コンヴィヴィアリティ》する、真にゆたかな暮らしのビジョンへと移行しようと呼びかけている。

フランスでは1970年代から、「デクロワサンス（Décroissance／脱成長）」という思想が語られ、書籍が執筆されるようになった。21世紀初頭には、この思想が政治的議論にもつながり、各地でさまざまな運動が起きた。学術的にも注目が集まり、今日までに脱成長について数多くの文献が生まれ、カンファレンスが開催され、研究論文も多数発表されている。[*15]

脱成長という用語自体はヨーロッパから発展したが、そのほかの地域でも、多くの伝統において同じ思想が語られ、実践されている。南米では「ブエン・ビビール（Buen Vivir）[6]」、インドでは「スワラージ（Swaraj）[7]」、アフリカ南部では「ウブントゥ（Ubuntu）[8]」と呼ぶ。[*16] 世界各地の個人や集団が、自分たちの領域や生活に成長至上主義が侵食してくることを拒否して、古き道を守り、成長を目指さない新たな道を編み出すべく、必死の闘いを続けている。こうした多種多様な活動の結びつきと衝突に注目した議論も進められている。[*17] 現代のイノベーションと、古来の知恵が重なり合う例もある。ブータンは「国民総幸福量（GNH）」という指標を用いて、GDP成長ではなく、仏教の信仰的価値観と調和した意義と充足の獲得を目指している。[*18]

キリスト教にも、シンプルな共同生活を重んじる数千年の伝統があるが、それを新たに実践しようとする活動もいくつか生まれている。たとえば福音派の若者たちが消費主義に背を向け、魂の成長を求める集団生活を選び、修道院に似た新しいコミュニティを築いている。[*19] ラテンアメリカでも、教皇フランシスコの回勅が掲げた「総合的なエコロジー[9]」へのラディカルな転換を目指して、志ある人々が活動に臨んでいる。[*20]

変容の歴史

成長追求がもたらす負の影響は科学が明らかにしている。それなのに、科学的なファクトや主張で世界にほとんど変化を起こせていないのは、なぜだろうか。

理由のひとつは、科学が個人の理性ばかりに訴えているからだ。個人の意見や理性は、帰属している社会や文化のシステムによって変えられたり固まったりする。その影響力は実に大きい。変革を促す戦略やモチベーションを強化するためには、現在の思想や行動の習慣がどのように発生し、主流となってきたのか、理解を深めなければならない。

20世紀の経済学者カール・ポランニーが古典的名著『大転換』で示した考察によれば、17世紀のイギリスで生まれた仕組みが、家族のあり方や信仰、道徳、生産などのシステムを、市場とお金によって統治される新しい世界に適した形へと切り替えた。[*21] その結果として多くの変化が生じたが、なかでも特筆すべきは、労働力を売って生活必需品を買うという層が生まれたことだ。それまで数千年間、ほとんどの人間は自分の家族と自分のコミュニティを持続させていくために社会を形づくっていたが、そうした生き方に決別を強いられたのである。共有地《コモンズ》の囲い込み《エンクロージャー》が行われたことで、伝統的な生活様式を維持していく力が奪われて、ジェンダーや人種による差別と結びつい

［6］スペイン語で「よく生きる」。

［7］ヒンディー語で「自己の統治」「自治」。

［8］ズールー語で「みんなのおかげで、わたしがいる」。

［9］環境問題を社会的・経済的な問題、もしくは人間性の問題として包括的に考えていくこと。

た工場制手工業が生まれた。経済を拡大させるにあたって、差別的なイデオロギーと制度の確立は都合がよかったのだ。人種・民族の区別と、植民地主義によるヒエラルキーに、ジェンダー差別も相まって、他人を潤《うるお》すために働かされる層の存在があたりまえになった。

それから数世紀にわたり、科学は特定の人間の集団が劣っていると証明し、彼ら・彼女らの労働力を搾取することを正当化し、彼ら・彼女らが自分たちのために行う生産労働と再生産労働の手段を奪うことに利用されてきた。片方があまりにも多くを奪われ、もう片方があまりにも多くを奪うという不等価な交換が、利益の成長に必要だとして肯定されてきたのである。

個人の権利と機会を重視することでヒエラルキーを転覆しようとする試みが無駄だというわけではないが、人のアイデンティティや関係、世界観を生み出し脈々と維持しているのは、そこに根づいてしまった社会文化システムなのだ。そのシステムに着目しなければ、いくら個人のエンパワメントを謳っても、変容にはつながらない。

世界に広がった成長追求の風潮には、さまざまな歴史的経緯が複雑に関与している。そのなかでも、もっとも深く染みつき、もっとも解消しがたいのが、個人主義だ。個人主義を尊重する制度が、権利や自由、平等を進化させてきたことは確かだが、その一方で他者を軽視する風潮をつくり上げてきたことも、また事実である。他者とともに享受するウェルビーイングを守るため、他者とともに土地や資源、文化を管理していく権利は、個人主義の権利よりも軽んじられている。

実際問題として、現在の欧米における世帯構成は、単身世帯がきわめて多い。世帯の平均人員数は縮小し、今では2人〜2・5人だ。[*22] これは経済成長にとって都合がいい。多くの住宅やアパートが建設され、その一つひとつに家具、冷蔵庫、空調設備、テレビが買いそろえられる。人々は自分だけの世界にこもって、自分の個性や趣味嗜《し》好《こう》や成功を表現する。

このトレンドは、モノとエネルギーの貪欲かつ非効率的な使用を促進するだけでなく、単身生活に起因する別の弊害も生んでいる。食べ物を分かち合い、家事を手伝い、お互いの世話をしてともに生活する楽しさからも面倒くささからも切り離されているせいで、より多くを消費し、富を他人に見せびらかすことにしか、満足や意義や個性を見出せなくなってしまうのだ。

他者とともに生き、生きるためのニーズをお互いに満たし合う生活は、コモンズを取り戻しながら、自分自身を見つめ直し、人間関係をつくり直していく道になる。その古い形式と新しい形式を、さらにくわしく考察していきたい。

第2章
成長で犠牲になるもの

経済成長のコストは、ある面ではすでに手に負えないほどに高くなった。現在の状態で炭素排出があとほんの少し増えただけでも、壊滅的な気候変動をもたらす。[*1] 負債と不平等と金融危機を通じて拡大する経済のせいで、社会的な限界も破られつつある。経済学者も政治家も、この災厄への対策として、さらなる経済成長を目指そうとする。しかし脱成長論を掲げるわたしたちに言わせれば、経済成長そのものが問題なのだ。経済成長の追求によって生じる犠牲は、もはや耐えがたいものになっている。

複利型成長の狂乱

現代の政治、ビジネス、法に携わる人々にとっては、経済は複利成長率で伸びていくというのが「常識」だ。あなたの給料が年3パーセントで増えていくと聞けば、おそらく現実的で妥当なものと感じるだろう。しかし、そのスピードでGDP成長を維持するというのは、実に途方もないことなのだ。第1章で述べたが、年間成長率3パーセントならば、経済は24年ごとに倍になる。チェスの考案者の逸話が示しているように、あっというまに莫大な規模に達する（図）。

図　指数関数的に伸びる複利型成長

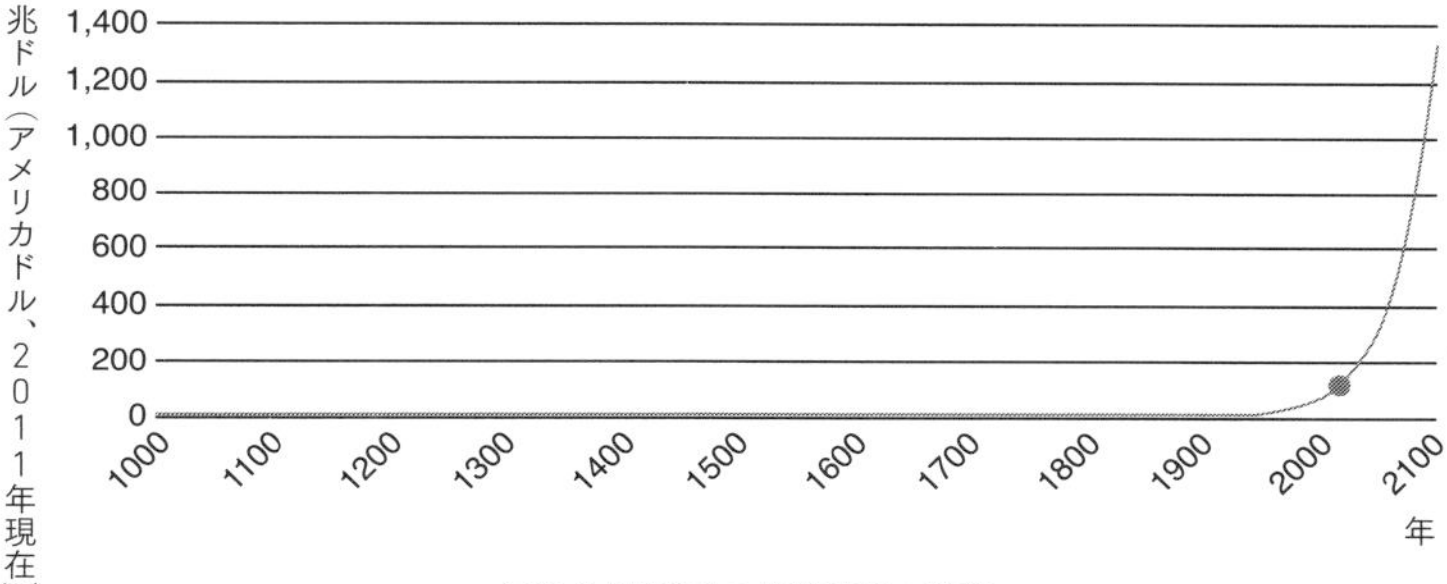

年間成長率3%の世界GDPの推移

出典：G. Kallis, *Degrowth*, London: Agenda Publishing, 2018. 許可を得て転載。

3パーセントでさえ驚異的な加速を意味するというのに、経済学者はそれをGDP成長の「安定した状態」と呼ぶ。経済が無限に大きくなり続けるなどという筋の通らない発想に、いったいどこの文明が鼻を高くしていられるのだろう？　未来の考古学者から見れば、成長に対するこの執着ぶりは、ギリシャ神話のゼウスがセックスのために牡牛に化けたのと同じくらい馬鹿げたことで、アステカ文明においてピラミッド建設のために何十万という人々が人身御供《ひとみごくう》になったのと同じくらいに暴虐的な行為に思えるのではないだろうか。

「そうは言っても、都市にはもっと自転車が必要なんだよね？　村には飲み水がもっと必要なんだよね？　そういう成長は、よい成長なんじゃないの？」

あなたはそう疑問に思うかもしれない。重要なのは、生産活動の単純な拡大と、経済システムの永続型成長を、区別して考えることだ。歴史的に見ても、世界人口の増減は、多様な財およびサービスの生産増減と連動している。しかし、複利成長率ではてしなく増える生産活動など存在しないし、そんなことを望む人もいない。自転車が星の数ほどあっても、都市にとって得にはならない。村人は膨大な水があふれることを求めていない。そうした永続型成長は地球の資源を枯渇させてしまう。

現在の制度で限界なき成長が可能に見えるものがあるとすれば、それはお金だ。イギリスの経済地理学者デヴィッド・ハーヴェイは、『経済的理性の狂気』という著書で、金《きん》など原料の制約がなければ世界のマネーサプライ（通貨供給量）は単純な数字の集合であると主張した。制御の利かない無限状態になって、平価切り下げと破滅をもたらすだけだ、と。[*2] 人間社会は数千年にわたって、貨幣を伴うシンボリックなシステムを維持してきた。お金の本質とは概念的なものなので、いくらでも増大する可能性はあるが、貨幣制度を機能させるにあたって、経済成長は必須ではない。実際、メソポタミア、中国王朝、古代ギリシャなど、かつての文明において、貨幣の使用は一定の範囲内で収まっていた。[*3] ところが過去2、3世紀に確立した社会経済システムは、それと正反対だ。お金をどんどん再投資し、どんどん増やすことを動機づけ、奨励している。

際限のない成長を求める現代のような時代は、今から5世紀前、ヨーロッパの植民地政策、資本主義、人種・民族差別が絡み合って拡大するなかで始まった。人間と人間の関係、そして人間と環境の支配関係が、このときに新しい形へと変化したのである。成長し続けることを推奨する歴史的・文化的風潮が共有され、20世紀になってからは資本主義、社会主義、コミュニズムといった名のもとで広がり、各国の社会に影響をおよぼしていった。1958年には、ニキータ・フルシチョフ政権下のソ連が、世界で初めて国の経済成長目標を宣言している（10年以内に150パーセントという驚異的な成長を実現すると宣言した）[*4]。

複利型成長を追いかけるなら、非現実的な無限を目指すことになるという点では、どのような社会でも同じだ。しかし、エスカレートする経済成長による犠牲と損害に直面したとき、それに対する適応の方法は、政治経済システムによって異なってくる。資本主義が頼るのは、さらなる経済成長だ。市場競争のなかで繁栄していくために、お金をもつ者はそれを投資して、より多くのお金を稼ぎ、より生産を拡大していかなければならない。

成長せずに資本主義を続けることも考えられないわけではない――横ばい、あるいは縮小しつつある経済のもとでも、一部の企業や個人は引き続き儲《もう》けを得ることができるだろう。だが、これが望ましいシナリオであるとは思えないし、そのシナリオで社会が安定するとも思えない。パイの成長が止まったとたん、誰かが誰かの取り分をもぎ取って、自分の分け前を増やし続ける。そうなったら、分け前を減らされた者は自暴自棄の行動に出る。富を握る側はいっそう再分配を嫌がるようになる。

つまり資本主義システムを続ける限り、ずっと成長を追求していたほうが、秩序と安定の維持に役立つのだ。そんな理屈で、保守的な政府も進歩的な政府も、一様に成長追求に邁進する。その代償が莫大なものであっても、だ。

成長追求は負債、不平等、金融危機を招く

複利型成長が持続不可能な理由は、地球が有限であるからだけではない。達成しなければならない数字が際限なくふくれ上がり、それと同時進行で、生じる犠牲もいっそう大きくなっていくからでもある。20世紀半ばの経済成長が、1970年代に停滞し始めたときから、各国政府は賃金抑制と、社会福祉や公共サービスの削減、労働組

合や労働基準の締めつけによって、生産コストの削減に取り組むようになった。同時に、住宅ローンや教育ローンなど、労働者に信用でモノとサービスを買うことを奨励するメカニズムを整え、消費を刺激してきた。

1980年代からは、英米をはじめとするさまざまな経済圏において、富裕層のために成長を活性化させることを意図した新自由主義的改革によって積極的な経済再編が進んだ。富裕層が得る富が残りの市民に「トリクルダウン」するから大丈夫だ、という触れ込みだった。新自由主義的政策は、市場から面倒な制約を取り払ったと言われるが、決して自由放任《レッセフェール》になったわけではない。むしろ規制、税、公共支出を何倍もの規模で新たに設定したのである。[*5] ゲームのルールが変わり、新しいルールが労働および資源の搾取・収奪量、市場における消費量、そしてGDPの成長維持を支えるようになった。

利潤はもっぱら富裕層のなかで再分配され、国内および国家間の不平等を広げた。アメリカでは、40年間でGDPが3倍になったにもかかわらず、平均賃金の上昇で購買力が伸びた様子はない。[*6] アメリカの経済学者ジュリエット・ショアは、この時期に見られた消費量の増加を、個人債務の急激な増加と平均労働時間の増大に結びつけている。[*7] こうした傾向は人間関係や主観のあり方を変化させ、借金を背負った人々のうつ病発症率の増加といった影響をもたらした。[*8]

皮肉なことに、こうした個人および家族のウェルビーイングの犠牲が短期的なGDP成長を支えているという事実こそが、マクロ経済成長を数世代にわたって持続することは不可能だと証明している。

負債で伸びる成長は悪循環だ。経済は借金をして成長し、それから借金を返すために成長していかなければならない。世界の債務残高は2018年第1四半期に、前年同期比11・1パーセント増の247兆ドルという過去最高額に達した。[*9] 最貧困国の債務返済負担額は、2010年以降で2倍に増えた。[*10] IMF（国際通貨基金）や世界銀行などの国際機関は、重債務国の政府に対し、歳入増加を意図した構造改革を指導しているが、その方法はもっぱら外国投資を呼び込むという形になる。こうしてグローバル企業が自分たちの成長のために、安価な労働力と資源を手に入れるべく、貧困国にどんどん投資をしていくことになる。

2008〜2010年の世界金融危機は、加速度的成長の基盤が実はとても脆《もろ》かったことを明るみに出した。あぶなっかしい住宅ローンを隠した金融デリバティブの市場が2007年に崩壊したとき、アメリカ政府は巨額の財政支援で金融機関を救済するという対応を取ったが、世界中に影響が飛び火して、経済的苦境、混乱、そして紛争を引き起こすのを止めることはできなかった。

アナリストやメディアはこのときの危機を「成長のつまずき」と表現するが、脱成長の視点で言うならば、そもそも維持できないレベルの経済成長を追求していたのが根源的原因だ。この危機以前のＧＤＰ成長率が高かった国家ほど、より大きなダメージと景気後退を体験した。[*11] たとえばギリシャとアイルランドの２００８年以前のＧＤＰ成長率は４パーセントを超え、ＩＭＦに高く評価されていた。この２国の経済が崩壊したのは、危機によって成長できなくなったというよりも、そもそも公債と民間債で過大な成長をしていたことが理由だった。

目の前しか見ない成長維持の取り組み

経済が失速し、日本やイタリアで見られたようにゼロ成長になると、政府や中央銀行は市場に資本を注入し、公共部門への支出を削減するという対応を取る。どちらも不平等や長引く負の影響をもたらす。

２００９年から２０１９年にかけて、欧州中央銀行から市中銀行に注がれた金額は、およそ２・６兆ユーロ。アメリカの連邦準備銀行からは４兆ユーロ以上で、これは第二次世界大戦におけるアメリカの予算に匹敵する。[*12] この「量的金融緩和政策」（中央銀行が、新たに用意した準備金で、市中銀行が保有する国債などの資産を買うことで、市場に資本の追加投入を行うこと）と同時に、金利引き下げによって流動性を高め、投資と融資を奨励して家計および経済の維持を試みていた。こうした過剰なマネー供給が日用品や住宅や、そのほかの市場への投機をもたらし、市民が食料や住宅を確保できないなど、悲惨な結果を招くことになった。

アルゼンチンの社会学者サスキア・サッセンは、民主主義と人権に悪影響をもたらす不動産市場のトレンドを何点か指摘している。[*13] 第1に、大規模建設工事の急激な拡大と、法人および外国資本による不動産購入の急激な増加（全世界100都市において、法人による既存不動産の購入が、2013年半ばから2014年半ばにかけて6000億ドルを超えた。さらに1年後には1兆ドルとなっていた）。第2に、中所得層の世帯が所有する一般住宅の差し押さえの数が、壊滅的なレベルに達したことだ（アメリカ連邦準備制度のデータでは、2006年から2014年にかけて、住宅所有者1400万人以上が自宅を失った）。

実際、住宅価格高騰のせいで、多くの市民が自宅を手放したり、それまで住んでいた都市を離れたりした。そして長時間通勤をせざるをえなくなったり、仕事を失ったりするのだった。経済成長のさなかで路上生活者は明らかに激増している。これはロンドンでも顕著だ。ロンドンでは2008年から2014年にかけて、外国人による不動産購入が1000億ポンドに上った。[*14] 住民人口における富豪の割合がもっとも高い街サンフランシスコでは、路上生活者が急激に増え、公衆衛生の状態も最悪となっている。[*15]

経済成長を当てにしてきた政府は、予定外の景気低迷に際し、緊縮財政政策で対応した。医療、教育、福祉、環境、賃金などにかかわる支出を減らすのだ。こうした削減は財政赤字を緩和し、債務返済に充てる資金を確保するなどのメリットがある一方で、国家にとってもっとも大切な資源、すなわち市民のウェルビーイングと活力再生を損なうことになる。

国連の調査によれば、世界第5位の経済圏であり、世界金融の中心地でもあるイギリスにおいて、緊縮財政のせいで1400万人が貧困状態で放置されていることが明らかになった。メンタルヘルスと子どもの貧困に関連するニーズも高まっているというのに、これに対する公的な支援も機能不全に陥っていた。[*16] ヨーロッパ全体で見ても、医療制度に対する緊縮措置は、感染症患者と自殺者の増加を招いた。[*17] 豊富なリソースをもつ裕福な国家において、新型コロナウイルスの感染拡大に対処できる体制が整っていなかったのも、同じ理由からだ。

フェミニズム活動家も指摘しているとおり、家族のなかの成人全員が長時間労働を強いられる状況で、しかも保育や介護、家事といった労働には適切な対価が支払われず、ジェンダーや人種・民族や地理的なヒエラルキーによる搾取も重なることで、ケアの実態も危機的状況に陥っている。

エクアドルでは2019年10月に、レニン・モレノ大統領が、42億ドルの融資を受ける条件としてIMFと合意した構造改革の計画を発表した。環境・持続可能性を専門とする同国の研究者ミリアム・ラングは、これによって発生した暴動を分析した記事で、エクアドルのGDP成長に貢献が期待できる大手企業に対して約40億ドルの減税などの優遇措置があったことを指摘している。[*18] その一方で、発表された一連の緊縮財政は、長らく続いてきた燃料補助金を廃止し、公共セクターの労働者の手当を減らすなど、もっぱら低所得層に打撃を与えるものだった。労働組合、先住民、学生、そのほかの団体による抗議運動が起きると、エクアドル政府は非常事態宣言を発令し、数千人の兵力および重火器による鎮圧を図った。12日間続いた紛争で8人が死亡し、推定1300人が負傷、1200人が拘束され、最終的に緊縮財政計画が撤回されることになった。

ふくれ上がる債務も、強制的な緊縮財政も、食品および住宅市場における狂乱的なインフレも、すべて経済成長によって救済される悲劇だと言われている。しかしわたしたちに言わせれば、それは正反対だ。これらはすべて、経済成長を刺激することを意図した政策の結果として起きている。

成長がもたらす生態系へのコスト

経済を成長させるためには、資源の継続的な注入が必要だ。そして、人間がほかの生き物と共有している土地、水、大気の状態を改変し続けていくことになる。環境科学者は現代を「大加速時代」だと指摘する。地球環境への影響（二酸化炭素排出、水資源の使用、海洋酸性化、ごみ廃棄など）の歴史的推移をグラフにすれば、いずれも数百年間ほぼ横ばいで変化のなかった数値が、49ページの図と同様に、20世紀になってからほとんど垂直に急上昇しているのがわかる。GDPの推移がこれとよく似た急上昇を示しているのは偶然の一致ではない。GDPの加速度的成長は、環境負荷を加速度的に増やしている。

かつて、炭鉱では坑道にカナリアを持ち込んでいた。一酸化炭素が充満してくると、カナリアが早々に死ぬので、炭鉱労働者たちに避難を呼びかける警報代わりになった。

現代のわたしたちは、いったいどれだけの危機が生じれば、カナリアの様子に注意を払うのだろう。フランス郊外では、農薬などの要因によって、鳥類の個体数が過去15年間で3割ほど減った。[*19] アメリカでは、1947年には600万存在していたミツバチのコロニー（生物集団）のうち、350万も失われた。[*20]

生物多様性と生態系サービス[1]について、国連が2019年にまとめた報告書では、50か国145人の科学者が1万5000件の科学研究の評価分析を行い、次のような結論を出している。「人類の歴史において前例のないスピードで、世界的に自然が減少している。種の絶滅速度も加速しており、世界中の人々にも深刻な影響がおよぶ可能性が高い」[*21]。世界的な生物多様性の減少、そして工業式農業の拡大と生息環境破壊が相まって、今回の新型コロナウイルスのような感染症の流行が頻発しやすくなっている。[*22]

経済が成長すれば、廃棄物と排出量の増加も免れない。現在の勢いでプラスチック廃棄が進むなら、2050年ごろの海は魚よりもプラスチックが多くなっている。[*23] 気候破壊の帰結はよく知られているにもかかわらず、1990年代は年1パーセント増だった世界の炭素排出量も、2001年以降は年3パーセントで増える一方だ。2015年のパリ協定に合意した国家は、気温を産業革命以前とくらべて1・5℃上昇までに抑える努力をすることになっているが、すでに壊滅的な4℃上昇に近づいている。[*24]

　GDP成長と炭素排出量の相関関係は偶然ではない。現在のような規模の経済生産量は、化石燃料によって実現しているからだ。国のGDPに1パーセントの差があれば、二酸化炭素排出量にも0・6パーセントから1パーセントの差がある。[*25] IPCC（気候変動に関する政府間パネル）は、気温上昇を1・5℃に抑えるために、全世界の炭素排出量を2030年までにほぼ半分に削減しなければならないと述べた。それを実現するシナリオは、世界のエネルギー使用量の劇的な減少なしでは考えられない。

　責任や対応が錯綜《さくそう》する理由は、経済成長によって受けた恩恵と負担が、国によって著しく異なっているからだ。過去数百年にわたり、かたよった量で地球の資源を消費し、かたよった量で排出や廃棄を行ってきた社会が、莫大な生態学的負債[2]を生み出しているのである。

---

［1］生態系が人類にもたらす恩恵のこと。

［2］生態系の許容量を超えた汚染や廃棄物。

経済成長はかならず搾取を伴う

経済成長によって社会と環境が引き受けるコストは、偶発的に生まれるわけではない。構造的に、そうしたコストが生じるようになっているのだ。

成長とは、余剰を投資してさらに余剰を生むことで成り立つ。余剰とは、ある財やサービスを、生産に使った労働力と資源の費用を上回る価格で販売することで獲得される。つまり労働力や原材料、エネルギーを安価に手に入れることが、経済成長の基本だ。サプライチェーンと会計システムが、そのコストとダメージを、はるか遠くの環境や人々、あるいは未来の世代に押しつける。成長追求型の経済が広く普及させた手法だ。

技術革新も経済成長に一役買うが、それだけでは充分ではない。18世紀のイギリスでは、発明家たちが紡ぎ車と織機の改良を続け、短時間で多くの織物を生産できるようにしたが、このイノベーションが経済成長をもたらしたのは、ほかのさまざまな要件と結びついたからだ。具体的に言えば、低賃金の工場労働者、アメリカ大陸で綿の栽培に従事するアフリカ人奴隷の無償労働、そうした労働者の世話をして産み育てる女性たち、さらには先住民から取り上げることで安く手に入った土地（土壌、水、木材など）である。

しかし、これらの条件だけでも、まだ市場成長にはつながらない。決定打として必要だったのは需要の拡大だ。ハーバード大学の歴史学者スヴェン・ベッカートは著書において、イギリス人がインドでシルクなど衣類生産に携わる職人ネットワークを迫害することで、新しい市場の需要をつくり出した経緯を明らかにしている。[*26]

さらにベッカートは、20世紀以前は労働力を賃金に換えていたのは世界でもほんのわずかな人々だったことを指摘している。大半は家族の生業で働いていて、一部に封建制のもとで領主のために働く人々、また一部に奴隷として働かされる人々がいた。労働力を売るよう人を説得することがいかにむずかしいか、それはさまざまな規模や地域で強制的に労働力の売買が行われていた事実からもうかがわれる。

ヨーロッパおよび植民地では、その地域のコモンズを絞り上げることを意図したメカニズムが数多く導入され、従来の生計手段では生活が成り立たなくなった。そして社会の制度が変わり、過去にはなかった人間の区別がつくられた。特に、経済拡大に欠かせない多様な搾取の形態をつくり上げるために（そして正当化するために）、ふたつのメカニズムが定着している。

ひとつは、人種・民族差別にもとづく利益分配システム。そしてもうひとつは、性別分業によって生産労働と再生産労働〔3〕とのあいだに生じた、ジェンダー差別的なヒエラルキーだ。

産業革命を通じて、こうした男性、女性、子どもの労働を搾取する仕組みが確立したが、持続可能性の面では無理があった。イギリスの織物工場でも、アメリカのプランテーションでも、労働者の病気、障害、逃亡、死亡が高い確率で発生し、人的資源を維持することは困難だったのだ。賃金労働者も奴隷も、生産労働の需要を満たすことができない、あるいは満たす意欲をもたないという、雇用主から見ても本末転倒な状況だった。生産労働に携わる新たな世代を産み育てるに適した生活もできず、その点でも持続可能ではなかった。

それでも、経済拡大のための労働力を安く供給し、維持し、増やしていく手段として、生産労働／再生産労働の性別分業は数世紀をかけていっそう進化した。イタリア出身でフェミニストの社会学者シルヴィア・フェデリーチは、人的資源を再生産する機械という女性の立場を固定した暴力的な歴史的経緯を明らかにしている。[*27] 男性においても特定の層は、他人にとっての利益を生む機械という立場が、等しく暴力的な経緯によって固定されていった。[*28]

賃金労働の新しい様式は、広く行き渡る過程で「男性らしさ」と結びつけられた。

そして「生産的である」という肯定的な評価のもとで、女性と強固に紐《ひも》づけられた再生産労働には与えられない賃金、威信、そのほかの資源を受け取るようになった。

搾取を通じた成長は、片方を選びもう片方を犠牲にするという、アンバランスな関係で成り立っている。労働者に払う賃金を下げれば、生産コストも下げられるが、労働者が健康を維持し消費活動を行う能力は損なわれる。女性に無償で家事労働をさせれば、男性は賃金労働者として、雇用主にとって効率のよい働き方をする。だが、それと引き換えに、女性が労働市場に入り込むことはむずかしくなる。

また、資源をできるだけ安価に確保する手段を導入すれば、やはり生産コストを下げられるが、往々にして資源の劣化や環境汚染が増加する。さらに、「男性らしさ」と結びつけられた生産活動を最大化することで成長を促進できるが、それは「女性らしさ」と結びつけられたケアワークや、家族とコミュニティと環境を維持するために必要な知識を軽んじていくことになる。

---

[3]「再生産労働」とは、直接的にモノを生産せず、報酬が発生しない労働のこと。生殖・出産活動を含む家事労働など。

こうした対立関係と矛盾のなかで、労働条件向上のための組織的闘争も行われていたが、化石燃料で得られる安価な動力という画期的なものが登場したことにより、人間（そして動物）による労働が一気に入れ替えられていった。19世紀と20世紀には、まず石炭、そして石油、さらに石油化学品の利用によって、製造業における労働時間当たりの生産量と、農業における土地当たりの収量が大幅に増えた。化石燃料を用いた輸送で、生産および消費の場所も多角化した。工場は安価な労働力を得られる場所へと移転し、消費市場も世界中に広がった。こうした発展に後押しされ、経済は複利型成長を目指し始めた。

化石燃料と新しい市場の追求により、地政学的な力関係が生じ、強い国家による弱い国家の搾取がいっそう推進された。開発計画から戦争に至るまで、さまざまなメカニズムがグローバルな市場とグローバルなサプライチェーンの確立を促進し、多様な伝統や価値体系に莫大な犠牲を強いた。

第33代アメリカ大統領ハリー・トルーマンが、1949年に行った2期目の大統領就任演説で、アメリカの外交政策のもとでの国際開発推進を宣言したあと、世界銀行は世界人口の3分の2に当たる人々に「貧困」というレッテルを貼り、開発の必要な存在であるとした。そこに息づいていた独自の生き方や関係のあり方を、欧米式の制度とライフスタイルが、ブルドーザーのように強引に押しつぶしていったのである。

1951年の時点で、国連の報告書が手厳しく批判している。

「急速な経済発展は、苦痛を伴う適応と不可分だ。古い知恵は打ち捨てられ、長く維持されてきた社会制度が崩壊し、階層、宗教、人種の紐帯《ちゅうたい》が破綻する。進歩についていけない多くの人々が、自分が心地よく思う生き方をしたいという願いをくじかれる。経済発展の真の代償をよろこんで払っているコミュニティなどほとんど存在しない」[*29]

結局のところ経済成長は、人と人、国家と国家、そして人間と自然環境とのあいだで、労働や資源の不等価交換を是とするヒエラルキー型の社会文化システムがあってこそ、成り立ってきたのである。男とはこういうもの、女とはこういうものという認識や、人種・民族的、階層的、植民地主義的なヒエラルキーの進化とが相まって、より安価に生産し、より安価に維持し、より安価に人間を搾取するための仕組みができ上がった。かつては人のアイデンティティはさまざまで、人や社会との関係のあり方にも多様性があったが、それらは踏みつけにされ、遠い過去の遺物になっていった。

成長を追いかける心理的・社会的基盤

経済成長は、罪なき人類に襲いかかる外的な力ではない。人間の日々の行動と思考によって社会経済システムがつくられ、維持されていくからだ。生き残るために労力を売ることが必要となると、人間の期待や欲望も、それに合わせたものに進化する。生活費を稼ぐ機会が限られていて、それを他人と奪い合っているなら、市場の拡大は歓迎すべきというわけだ。また、不況によって失業者や負債が増えているときは、景気を押し上げる方策ならどのようなものでも賛同する気になる。

個人主義の社会と、互いに名前を知ることなく生活する都会の環境において、人は自分が何を買い、他人は何を買ったか（買っていないか）という視点で、自分の価値やステイタスを表明することに慣れていく。それは単なる虚栄心やうぬぼれではない。服であれ、家であれ、車であれ、あるいは医療措置であれ、立派なものを手に入れていると周囲が認識するものを手に入れなければ尊敬の目を向けてもらえない世界で、何とか自己肯定感と尊厳を保つためには、比較ありきの消費行動に頼るしかない。

不安や不足がいっそう消費欲求を高め、心理的な負担も増大させる。富める者も貧しい者も、期待を満たすため、互いを蹴落とすために、ひたすらスピードを上げて走り続けるので、経済は加速し、時間に追われる切迫感と疲労をふくらませていく。

経済成長が生活を便利にする、苦労も面倒も少なくなる——という約束は、確かに魅力的に響く。しかし明白な問題として、不平等と搾取に依存する経済成長は、その魅力的な夢を限られた特権的な人々にしか叶《かな》えない。さらに根深い問題として、このあとの章でも見ていくとおり、コミュニティとの接点をもたず、ひたすら個人の特権を追いかけていく生き方では、道徳の意識も、人間として生きる意味も、薄っぺらなものになってしまう。

成長しなければいけないという義務感は、人生の意味やアイデンティティのなかに埋め込まれており、わたしたちは成長を求めることこそ人間の本能だと思わされている。経済拡大を維持するためには、人々にそうした信念を抱かせることが必要なのだ。しかし、他人と競わずにいられないのも、身勝手な買いだめをするのも、資産を思うがままに管理して増やしたいと願うのも、とどまるところを知らない消費欲求も、決して人間の生得的な本能ではない。そうした行動は、特定の経済システムの拡大を支えるために、ごく近年の歴史のなかで育ってきたものにすぎない。

人間は、実に多様な可能性をもっている。利己的にもなるし、利他的にもなる。より多くを求めることもできるし、より少なく済ませていくこともできる。独占もできるが、共有もできる。どの性質が培われ、どの性質が抑制されるか、それを左右するのが社会文化システムなのだ。

ヒトという種が生き残ってこられたのは、抽象的な思考とコミュニケーションを行う生物物理学的な能力が進化したからだ。その力のおかげで人間同士が協力し、言語や信仰、家族のあり方など、社会・生態システムを発展させることができる。そして、そうしたシステムが個々人を生存させ、人間やその習慣、その生息環境を新しい世代へとつないでいく。

どのような世界も、人と人とで共有するシステムによって形成される。このあとの章では、脱成長への移行を実現するシステムを探っていきたい。また、それらのシステムを形成し、それらのシステムのもとで育つ理念や主体的意識についても考察する。

第3章

草の根から変革を起こす

世の中の一般的な声を聞いていると、経済成長の終わりを想像するのは世界の終わりを想像するよりむずかしい。資本主義の終焉のほうが、まだ想像しやすいくらいだ。未来に向けて、今とは違う方法を発想していくには、どうしたらいいのだろう？

その答えは、観察し理解すること。すでに存在している活動に目を向けるのだ。世界各地の人々が、現在、支配的な経済モデルや考え方に代わる仕組みを受け継いだり、適応させたり、新たに生み出したりしている。仲間と連帯してシンプルに生きることを是とする伝統は古くから存在し、時代を超えて進化し続け、多くの人に取り入れられている。

この章では、草の根レベルの活動に注目して、脱成長論を展開していきたい。成長を追求しない精神のもと、新しい常識《コモンセンス》を日常的に実践している人々から、わたしたちは学んでいく必要がある。この章で紹介するのは生物多様性の損失や気候変動を阻止するグローバルなプログラムではないが、グローバルとローカルは決して別次元の話ではない。生活のなかで食べ物を分かち合い、住む場所を確保し、地域社会に参加し、向き合って対話をする——そうした活動があればこそ、国際的な気候条約やグリーン・ニューディール政策を策定し、実行する力も磨かれていくものだからだ。

まずは、競争や成長よりもコミュニティのウェルビーイングを優先した生活について考える。その後、人々が集まって生み出した協働的活動の例を紹介し、こうしたプロセスを大きな変革につなげる道を考察する。キーワードは第1章で説明した概念、コモンズ（資源を共有する生活システム）と、コモニング（協働、衝突、協議を通じて、共有の伝統や規制を維持し適応させていく努力と実践）である。

コモニングが経済成長に向かうこともある。つまり現状維持のためのコモニングだ。一方で、コモニングで脱成長に向かうこともできる。常識を具体的に見直すことで、変化を起こしていくのだ。

コモンズという概念には私有化や民営化の勢力を撥《は》ね返す可能性があると主張するアメリカの活動家デヴィッド・ボリアーは、プロビジョニング[1]とケアを共有するシステムを強化し拡大していくことを提唱している。それが際限のない成長を求める負債依存型の経済に代わるものになると考えている。*1

賃金労働や、市場で値段のつく財は、決してそれだけで存在しているわけではなく、昔から、賃金や値段を伴わないケアワークや社会的再生産労働とともにあり、支えら

[1] ここでは、生活に欠かせない基本的ニーズを満たすものを提供・供給すること。

れてきた。こうしたケアワークと再生産のさまざまな活動を、わたしたちはもっと高く評価する必要がある。

同様に生産と消費の活動も、共同のシステムで行っていくことが可能だ。たとえば、共同菜園、地域支援型農業（CSA）、アグロエコロジーネットワーク。[2] あるいは、エコミューン[3]やコリビング（共同生活）、コハウジング（共有住宅）。それからピア・ツー・ピア型のソフトウェアやハードウェア、デジタルコモンズ。コペアレンティング（共同保育）や子育てのサークルなども、おおいに参考にすべき共同システムの実践例だ。

こうしたコモンズも、コモンズを生み出す人々（コモナー）の生活も、決して完璧に理想どおりというわけではない。言行不一致はどうしても生じてしまう。私有財産を守り競争を重視する制度が張りめぐらされ、それがあたりまえとなっている環境で、みんなで共有・協働する仕組みをつくり維持していこうとすれば、苦戦するのは避けられないし、これでいいのかどうか疑問が生じてくることもある。

だからこそ、協働するネットワーク間で相互に支え合うことが必要なのだ。また、より好ましい条件が整うよう、政策、制度、資源の構造を見直していかなくてはならない。

新しいコモンセンス——わたしのシェアとシンプルライフが、誰かのシンプルライフも叶える

世界中のポップカルチャーやメディアや教育は、「もっと働け」「もっと遊べ」「競争に勝て」と人々を煽り、生産と消費という形で個人の功績を誇示するように強いる。こうしたメッセージの影響力はとても強い。だが、違う考え方や願いも世の中には存在する。異なるニーズをもつ人たちとも連帯して、よりシンプルでおだやかな暮らしを大切にする、伝統に根ざした考え方だ。人生の意義やよろこびはさまざまな形で味わえる。歌、ダンス、スポーツ、祈りをはじめとして、誰かと一緒に食事や会話をすることも、沈む夕陽を眺めることも、野山を自由に散歩することも、生きるよろこびにつながる。こうした共通の感覚《コモンセンス》こそが、脱成長へと続くさまざまな道を切り拓《ひら》き、守っていく。

決して多くはないが、このような価値観を体現するリーダーも、世界のあちこちに

［2］農業と生態系の関係を重視する農業従事者や研究者のネットワーク。
［3］環境負荷の少ない自給自足型コミュニティ。

存在している。たとえばローマ教皇フランシスコは、代々の教皇が受け継ぐ宮殿のような住居よりも、簡易宿泊施設を好む人物だ。身なりを変えて真夜中のローマを散策し、住む家のない人々と会話したり、一緒に食事をしたりする。元ウルグアイ大統領ホセ・ムヒカも、そうしたリーダーのひとり。大統領公邸で暮らすことを辞退して、首都モンテビデオの郊外にある自宅の粗末な農場で暮らすことを選び、大統領報酬の90パーセントを寄付した。

富や権力やステイタスを通じて「男性らしさ」を誇示することが期待される社会では、こうした行動は異質なものとして注目される。対照的に、女性が脱成長を体現するような活動をしていても、家族やコミュニティのために夢を捨てる自己犠牲と謙虚さが「女性らしい」と認識される社会においては、ほとんど関心が向けられない。それでも注目を集めることに成功している女性のひとりが、ウィノナ・ラデュークだ。ハーバード大学を出た経済学者で、緑の党からアメリカ副大統領候補として二度出馬した。成人後の生活の拠点にミネソタ州にあるオジブワ族ホワイトアース居留地を選び[4]、質素な暮らしを送っている。農作業をしながら、大家族で生活し、それを基盤に環境保護活動の先頭に立っている。

ほかにも数えきれないほどの人々が、節度ある暮らしを実践している。富や権力を追い求めることをやめ、仕事、家族、友人との交流に満足を見出す都会の人たち。天然資源を枯渇させず、コミュニティを支える分だけを生産する農家の人たち。地域奉仕活動をする年金受給者たち。職人や小規模農家として生きる道を自主的に選んだ人たち……。彼らは先進国の複雑な社会で、あえてシンプルに暮らすことを選んでいる。一方で、伝統だから、必要だからという理由で、あたりまえにシンプルな生活をする人々も少なくはない。

本書著者のひとりスーザン・ポールソンと人類学者リサ・ゲゾンが共同編集した学術誌『ジャーナル・オブ・ポリティカル・エコロジー』特別号では、さまざまな文化や言語の研究者の論文を掲載し、13か国で実践されている生活を紹介している。[*2] 成長を目指さず、環境への負荷が少ない生き方をする人は、実際のところ世界人口に対してかなりの割合を占めるのだ。

しかし残念ながら、持続可能でおだやかな生活を送っていても、それで平和が保障されるわけではない。拡大する収奪的経済の現場で、きわめて消費の少ない生活をす

[4] 彼女自身、オジブワ族にルーツがある。

る人々が、命がけで経済発展に抵抗している。[*3] 注目すべき例が、メキシコのサパティスタ民族解放軍だ。彼らは、1994年の蜂起以来（北米自由貿易協定が発効した日に蜂起した）、アグリビジネスとエコツーリズム拡大のために計画されたチアパス州のメガハイウェイ建設など、メキシコ政府が進める経済成長推進計画を阻止するべく闘っている。[*4] クルド人などの例と同じく、メキシコ経済のパイから多くをよこせと主張するのではなく、あくまで自分たちの生きる道を守るための闘いだ。

　世界のエリートと呼ばれる層の人々が、こうしたチアパスのような土地に足を運び、現地の人々に協力したり、伝統的な生活様式を学んだりする例も見られる。瞑想《めいそう》や太《たい》極拳《きょくけん》、ヨガ、ミニマリズム、片づけ、タイニーハウス（小さな家）、アーリーリタイア [5] などを通じて、シンプルな生き方への憧れを実践しようとする例もある。彼らがこうした夢を気軽に叶えられる特権的な立場にあることは確かだ。だが、だからといって、環境負荷の少ない、意義のある人生を送りたいというエリートたちの願いを偽物だと断罪する権利が、わたしたちにあるだろうか。

　プラスの変化を起こそうとすれば、偽善者となじられることも多い。「彼女は炭素排出削減のために自転車通勤をしているけど、気候サミットには飛行機で参加しているじゃないか」「彼らの貧困層支援活動は、結局のところ株の配当金が原資だよ」。経済成長を肯定する側も、気候変動や貧困に立ち向かう活動家も、こんな言葉で他人の活動を批判する。だが、そうした台詞《せりふ》は自分たちの立場が否定されるのがいやで、防衛反応として出てくるのだ。人に対し、すべての行動について同じ価値観を一貫して守ることを要求していたら、イノベーションの動きは進まなくなってしまう。何もかも捨てて洞穴で暮らすならともかく、成長ありきで形成されてきた既存のライフスタイルと完全に決別して行動するなど、おそらく誰にもできないことだ。

言行不一致はどうしても生じる。よく聞く表現を借りるなら、言行不一致が7つより多ければ、確かに偽善者と言えるかもしれない。反対に言行不一致が4つ未満なら、のめり込みすぎて暴走している可能性も考えられる。

個人の努力から、共通の努力へ

とはいえ、変化を個人の意志力だけの問題としてとらえるのは短絡的すぎる。わた

---

［5］定年を待たずに早期退職し、それまでのような稼ぎ方をしない新しい生活を始めること。

したちが変革を起こせるかどうかは、物理的な状況や、身につけてしまった世界観やイデオロギーから影響を受けるからだ。これまでの習慣や考え方――アイドルや億万長者、ゴージャスなアクセサリーへの憧れや、ハンバーガーを買う、自家用車を運転するといった日常的な行動など――を捨てようとすれば、どうしても不安を感じるし、抵抗もしたくなる。

成長至上主義は、ストレスや競争、過剰労働、孤独といった形で、個人に犠牲を強いる。高収入を得たい、金持ちになりたい、メディアに出て目立ちたい、あるいは車やファッション、食事、ドラッグ、アルコールなど、ほしいものを絶対に手に入れたいと執着するのも、成長至上主義がもたらす負の効果だ。いったいどうすれば、そうした負担や執着に疑問の目をもつことができるだろう。なぜ疑問の目をもつことができないのだろう。

ほかの生き方を受け入れ、歩んでいくためには、どのようなサポートが必要なのだろうか。本書著者であるわたしたちは、ボリビア、インド、ギリシャ、スペインなど、さまざまな国の地方や都会で実際に暮らして研究を重ねてきた。そのプロセスを振り返ると、答えの一部が見えてくる。必要なのは、ともに生き、ともに体現していくことなのだ。

ウェルビーイングの共有を求めてさまざまな道を模索していると、実践や意見交換の場で他人とつながり、節度や自己抑制、連帯を実践するネットワークや、政治的関与を行うネットワークが形成されていくことが多い。助け合って小さな改革を起こし、起こした変化を組織的サポートで維持し活かしていくことができるなら、偽善じゃないかと非難する声にも対抗できる。こうした協働的な取り組みが、やがて共有するビジョンとなり、制度や環境を変えていくための集団行動の力になる。

経済成長がもたらす甚大な環境破壊を考えると、ひとりの人間が食べる肉の量を減らし、通勤手段を自転車に替え、多くをシェアする生活をしたところで、軽減できる負荷は微々たるものにすぎず、やるせない気持ちになるかもしれない。それでも、望む世界をつくるために助け合うことは、何ものにも代えがたい大切な価値がある。その行動自体がわたしたちを変えるからだ。個人が変わり、そして広い社会や政治が変わり、望む生き方と実践を叶える道がつくられていく。

自分にできる行動を起こすこと、それは、政策と制度に必要な変化をもたらす第一歩だ。

共進化の可能性

北米郊外の家に住み、そこから何キロも離れた職場に通うとしたら、自家用車が唯一の通勤手段となるかもしれない。しかし、住んでいるのがデンマークのコペンハーゲンなら、きれいな自転車専用道路が完備されているので、通勤も通学も自転車で充分だ。実際、コペンハーゲン住民の49パーセントが、そうした暮らしをしている。[*5]

このように、特定の行動をしやすい環境というのは、個人の希望や習慣から人々のネットワークへ、そして制度改革へというダイナミズムで、共進化的に生まれていくものだ。最初の一歩になるのは、健康のため、節約のため、環境のため、そのほかの理由で自転車生活をしたいという個人の希望。次に、同じ気持ちをもつ人同士がつながって、一緒にツーリングを楽しんだり、DIYのワークショップを開いたりといった自主的な活動が組織される。自転車社会に賛同する政治家に投票したり、車優先の都市設計によって奪われたパブリックスペースを取り戻す運動を起こしたりする。

当局がその声に応じ、特定地域に自転車レーンを追加する、自転車シェアリングを推進する、交通量削減や速度規制の政策やプログラムを策定・実施するといった変化を起こせば、自転車で安全に通勤や通学ができる人が増える。筋力もスキルも伸びるので、楽しく自転車に乗れるようになり、車の運転よりもサイクリングのほうが人気になる。スウェーデンのマルメやカナダのモントリオール、東京のような都市では、こうした好循環のおかげで、市民や政府が自転車生活の推進に積極的に取り組んでいる。

　こうして有機的に生まれるプロセスには、よくも悪くも、それが生じた社会の秩序が反映される。自転車推進運動が非白人や低所得者を除外したり、スラム地区を高級住宅化したせいで貧困層が住む場所を失ったりする例もある。異なる立場や異なる声を幅広く理解するよう、意識的な努力が必要だと心得ておかなくてはならない。

　危機がきっかけとなって、個人に変化が生じ、それまで一般的だった規範や想定に亀裂が入り、他人との協力が生まれることもある。危機を経験して自分自身を見直し人との関係も見直していくこともある。ギリシャの都市研究家アンゲロス・ヴァルヴァルーシスによると、2009年から2016年にかけての同国では、長引く金融危機でそれまでの生活が成り立たなくなった多くの人々が、都市型農園、時間銀行[6]、コレクティブアートセンター[7]、連帯クリニック[8]、フードバンクなど、さまざまな協同プロジェクトに取り組むようになった。[*6]

　ギリシャは危機のせいで大量消費社会が崩壊し、国による福祉の提供も危うくなったことで、それまで長いあいだ維持されてきた認識に頼れなくなったのだ。そうした状況で、公共の広場を大勢で占拠して抗議運動をしたり、食料確保のために都市に菜園をつくったりするなど、一時的であっても団結した行動が生まれていた。これは、戻れなくなった過去に決別し、まだ決まっていない未来に踏み出していくための、一種の通過儀礼でもあった。新しいコモンズを具体的につくり出すとき、人は必然的に新しい自分、新しい関係に出会っていくことになる。

イギリスの新聞『ガーディアン』のジャーナリスト、ジョージ・モンバイオットは、新型コロナウイルスの危機のなかで生まれた同様の取り組みについて報じている。ソーシャル・ディスタンスを取らなければならない状況でありながら、相互扶助やケアといったコモンズが、世界各地で爆発的に増えたのだ。たとえば、貧困層や弱者を支援するプロジェクト。あるいは、医療従事者やケアワーカーをケアする試み。そのほかにも、病院が必要とする特殊な機器を、テクノロジーを駆使して低コストで提供する活動もあった。[*7]

プエルトリコでは、鉱山開発への反対運動を中心として、35年をかけて自治の仕組みが発展してきた。日常的に共同活動に取り組むことで、自然やコミュニティや民主主義に関するコモンセンスが育ち、人々が変化して、成長至上主義的な常識に対抗する勢力になっている。[*8]

個人が行動し、他者とつながり、新たな関係性を築き、さらなる規模で政治改革を求めていく——これが共進化だ。新しい統治構造をモデル化するという点でも、要求するという点でも、ネットワーク化は制度改革を進める力になる。

すでにここにあるコモンズ

貨幣経済は、実のところ氷山のほんの小さな一角にすぎない。幅広いボランティア活動、互恵活動、非営利活動に支えられてこそ、貨幣経済は成り立っている。[*9]

オーストラリアをはじめとする複数の地域で、時間の使い方に関する調査を行ったところ、家事とケアワーク（ほどんどが女性の仕事だ）に費やされる時間は有償の仕事と同等であることがわかった。[*10] スペインの社会学者ジョアナ・コニールとマニュエル・

[6] 誰かの手伝いをした時間を貯金し、その分だけ人に手伝いを依頼できる仕組み。
[7] アーティストが共同で活動や展示を運営する施設。
[8] 市民による市民のための保健医療サービス。公的医療制度から取りこぼされる層の医療へのアクセスを確保する。

カステルらが2010年にカタルーニャ州で実施した研究によれば、貨幣交換を伴わない活動時間の大半は、人の頼みごとを聞いたり、自分もしくは友人の家や車の修理を請け負ったり、野菜の栽培や食事づくりをしたり、ボランティア活動をしたりすることに使われていた。[*11]

政府は貨幣経済を強化するために巨額を投じているが、保育サービスの需要と供給のマッチングや、自家製の野菜や料理のシェア、病人や高齢者の継続的な見守り、住宅地や公園の清掃といった形で発揮されるスキル、価値、戦略をもっと評価し、もっと補助していくべきではないだろうか。

こうした名もなきコモンズは、成長を目指さない形で経済を再構築していく基盤になる。私利を求める競争をベースとした単一文化《モノカルチャー》が世界に広がることで、人類の社会的進化を促してきたさまざまな助け合いの仕組みは損なわれてしまったかもしれないが、コモンズは決して単一ではない。相容《あいい》れないものを含め、多様なコモニングの実践があり、人間やコミュニティが価値観と世界観を適応させる道も多様に存在しているのだ。

実際、市場原理主義の成長によって軽視され、搾取・収奪されてきたコミュニティや環境保護の倫理とシステムが、新しい協働の形を得ることによって、さまざまな効果を発揮する例が見られている。排他的な聖域でもなく、社会と隔絶したユートピアでもなく、既存のコモンズを既存の経済と組み合わせている方法を紹介したい。

共進化するコミュニティ経済——バルセロナの取り組み

本書著者のうち3人が暮らす都市、スペインのバルセロナでは、コモニングの取り組みがさかんに行われている。そのひとつが「カタルーニャ総合協同組合（CIC）」だ。年間予算約48万ドルで、多様な生産活動と個人事業主数百人を結びつけている。[*12]

たとえば小規模農家は、CIC配給センターを通して、消費者が自主管理する21か所の販売所に毎月約2トンの食料を届ける。CICは「フェアコイン」という独自通貨を発行しており、組合員にはこれを基本所得として配布する。CICには自己資金による金利ゼロの銀行機能もある。155人の組合員が合計25万ドルを預けているので、新たな協同事業が生まれるときは、この銀行が資金を融資する。

こうして生まれたプロジェクトのなかでも、もっとも目を見張る例と言えば、「カラフォウ」という工場跡地を利用した共同体だ。バルセロナから60キロ離れた2万8000平方メートルの廃工場を改築し、22名の組合員、27種類のユニットがそれぞれにスペースを借りて活動している。ハックラボとしてプログラミングに取り組んだり、石けん開発の研究所にしたり、大工仕事や機械仕事の工房にしたり、プロの音楽スタジオとして活用したりするなど、活動の範囲は多岐にわたる。

同じくバルセロナには、カタルーニャ州で社会的連帯経済を推進するさまざまな団体をつなぐ組織として、「連帯経済ネットワーク（XES）」がある。[*13] 約11万人が加わっている同組織は、6000人の雇用を創出し、400種類の活動を支援している。政治信条も感性も異なる市民たちが、自分の望む世界のために貢献しているネットワークだ。

そのなかに含まれる協同組合「ソム・エネルジア」の組合員になれば、100パーセント再生可能エネルギーによる電力が、手ごろな料金で家庭に供給される。「ソム・モビリタート」の組合員になれば、電気自動車のカーシェアリングを利用できる。インターネットの接続は「ソム・クネクシオー」、ケガをしたときや病気になったときの初期治療は「COS保健協同組合」、コハウジングで住まいを探すなら建築協同組合「ソストレ・シビック」が建設した住居がある。子どもの保育が必要な場合は、保護者が共同で運営する保育グループで交互に面倒を見る。地域菜園で野菜の共同栽培もできるし、消費者協同組合の組合員になって地元の農家から農産物を直接購入することも可能だ。新人バンドが演奏を披露するコミュニティセンター「アテネウス」も、市民が自主的に運営する施設だ。

バルセロナで協同組合が発展してきた歴史はきわめてユニークなのだが、これと共鳴するようなコミュニティ経済は世界各地に見られる。たとえばアメリカのミシシッピー州では、「ジャクソン協同組合」という、CICと似たネットワークが発展している。カリフォルニア州オークランドの「フェニックス・コモンズ」は、55歳以上を対象とした自主運営のコハウジング・コミュニティだ。住民は台所などを共有し、順番に食事当番を決めて、みんなの食事を用意する。[*14]

ほかにも、世界中に何百というエココミューンやトランジション・タウン[9]、コリビングやコハウジングのコミュニティがある。いずれも国内外のほかのネットワークと知識を交換しつつ協力し合っている。

なるべく環境に負荷をかけず、廃棄物を出さない方法で、農産物の栽培や入手を行う活動も、さまざまな規模で展開されている。農業従事者の国際的ネットワーク「ビ

[9] 既存の街を環境負荷の少ない地域に転換する取り組み。また、そうした取り組みをしている街。

ア・カンペシーナ」は、世界81か国の小規模農家で構成される182の組織が集結した団体だ。健全で持続可能な農業を実践・実験する個人やグループの学び合い、意見交換、組織化をミッションとしている。

限界と懸念

「90億人が都市型農園で食べていけるようにしよう」「すべての住まいをコハウジングで提供しよう」「世界中の子どもを近所の仲間で育てよう」……この本がそうした提案をしているのだと思われるとしたら、それは違う。

わたしたちが訴えているのは、個人によるモノやサービスの使用と所有を、もっと大きく開かれた形式で補完したり、アップデートしたりできるよう、生産と消費とケアを協力して行う仕組みを広げていくことだ。

あるモノカルチャーを別のモノカルチャーに置き換えても意味はない。多種多様なリズム、目的、規模の文化が力強く発展するよう、それをサポートする環境を整えていきたいのだ。

現在の政治システムは、私有財産、賃金労働、市場消費をベースとした成長追求型モデルを推進し補助する仕組みになっている。その対象とならない活動は評価されず、支援もされず、使い捨てにされる。わたしたちが目指すのは、多様な理念のもとで運営される多様な生活のあり方を支えられるよう、価値観とリソースを連携していくことだ。未曽有の環境危機に直面したとき、多様性こそが、レジリエンスと適応力のカギになるからだ。

脱成長を求めることは、すなわちテクノロジーの進歩を否定し、昔の過酷な労働時代に後退することを意味するのではないか——と思われるのだとしたら、それも違う。むしろ、ハイテクを利用した大規模な生産体制には今後も役割があると考えている。成長を目指さない経済活動を含め、小規模な活動が技術革新のおかげで大きく進歩している例も、数多く目にしている。

たとえばラテンアメリカ各地では、アグロエコロジー[10]のネットワークに加わる小規模農家が、伝統的な農業の手法に最先端の科学的知見を組み合わせて実践している。[*15]

[10]　1980年代後半より、南米から広まった農業および社会運動。生態系と調和を保ちながら作物を育てることを目指す。

ニュージーランドで運営されている時間銀行は、コンピュータープログラムを駆使して、使った時間や貢献した時間の記録と計算をしている。[16]

ギリシャ出身の政治経済学者ヴァシリス・コスタキスは、デジタルと物理的な生産活動を連携させた取り組みや、ローカルな製造とグローバルな設計・流通を組み合わせた仕組みに注目している。たとえばフランスの「ラトリエ・ペイザン」や、アメリカとイギリスの「ファームハック」というコミュニティは、小規模農家のために、オープンソースのソフトウェアを使って農業機械の製造を行う。住宅の民主化を目指す「ウィキハウス」というプロジェクトは、少ない資源と資金で建てられる持続可能な住宅の設計図を、ネット上で公開している。ロボット工学と生体工学を利用したデバイスをオープンソースで設計する、「オープンバイオニクス」というプロジェクトもある。プログラミング・コミュニティ「レプラップ」は、さまざまなモノを3Dプリンターで複製可能にする。[17]

いずれも、科学と工学における最先端のイノベーションと、昔ながらの生産組織を結びつけることで、格差や搾取をできるだけ排した小規模かつ地域に根ざしたモノづくりを実現している。

こうした基本的ニーズを満たすものを提供する、すなわちプロビジョニングやケアを共同で行う仕組みも、いずれは搾取され、成長追求型の経済を支えるものになってしまうのだろうか。その可能性は充分に考えられる――シェア活動で価値が生まれることに気づいた市場が、その活動を捕捉し、市場に吸収していくこともあるだろう。新しい共有地《コモンズ》に、新しい囲い込み《エンクロージャー》の機会が生じるというわけだ。

実際、車や住宅をシェアするネットワークや、ツールやスキル、食べ物、頼みごとを交換するネットワークが無数に誕生しているが、そのなかには公平なシェアを支えるモデルと、利益を搾取するモデルとが混在している。後者も資源消費量の削減に役立っているとしても、ネットワーク内のパワーバランスは傾いていると言わざるをえない。

また、企業や政府が赤字対策として福祉コスト削減を試み、報酬の発生しない家庭や社会のシステムに福祉の役割を押しつけるという危険性も考えられる。かつては男性に有償の生産労働をさせ、女性に無償の再生産労働で補助をさせるというモデルだったが、今では男女両方に低賃金労働をさせ、栄養や医療、保育、介護については市民の協力関係で自主的に補助させるというモデルに、部分的にせよ入れ替えるというわけだ。

コミュニティ主体の行動に夢を見すぎたり、社会運動を理想化しすぎたりするのも、考えものだ。コミュニティが部外者に対して排他的になる例や、内部にヒエラルキーが生じて専制的になる例も、事実として存在する。共有すべき価値観や意義を取りまとめていく過程では、対立や矛盾がかならず生じるので、何を含めて何を除外するのか、横の関係と縦の関係をどう調整していくのか、話し合いをしていかなければならない。国の制度が変わり、個人の習慣や理念も変化するなかで、コミュニティ構築をどう進めていくべきか、本書で提示したさまざまな例を参考にしてほしい。

現代社会では、すでに経済成長を果たした組織と、成長をしていない、あるいは目指していない組織が、経済成長を支えるためにつくられた事業や社会制度のなかで共存していかなくてはならない。衝突や矛盾は避けられないし、相互に補い合わなければならない場面もかならず存在する。より公平なライフスタイルを追求する道のりにも、人種・民族差別、ジェンダー差別、階級差別など、成長追求の時代を動かしてきたパワーのダイナミクスが、引き続き影を落とすだろう。深く根づいたアイデンティティや人間関係を変えていくのは時間がかかる。ひとりだけでは解決できず、みんなで議論していかなければならない。そして勇気も必要となる。

しかし、目的を大事にするのと同じように、目的に向かうための手段も大切にしていくことが、プロセスそれ自体を意義あるものにする。たとえ当初の目標を達成できないときでも、その過程で人として成長し、人間関係が深まり、ネットワークの絆が強まるという形で、価値を残していくことができる。

脱成長は日々の変容から生まれる

この章で紹介した例では、いずれも人々がコミュニティや環境のウェルビーイングを優先しつつ、協力し合って実用的なニーズや精神的なニーズを満たしている。昔から続いてきた伝統と、新しいテクノロジーや新しい試みを組み合わせて、充実した体験を生み出したり、コミュニティを育てたりしている。こうしたごく日常的な供給や統治の仕組みを政治や社会全体の改革につなげていくには、どうしたらいいのだろうか。

この章で説明した活動のほとんどは、「脱成長」というテーマを掲げていない。だがわたしたちは、４つの理由から、彼ら・彼女らの取り組みが脱成長への移行を導いていくと考えている。

第1の理由は、この章の冒頭でも述べたように、彼らは身の丈に合った生活やコミュニティで成り立つシンプルな暮らしを広めることで、それをコモンセンスとして育み、昇華させている。

第2に、彼らの活動は利益創出ではなく、働く人と使う人のニーズとウェルビーイングに主眼を置いている。

第3に、彼らの活動はいずれも共有と協力を前提として、コミュニティが主導権をもち、コミュニティで生産を行うモデルをつくっている。

第4に、彼らの活動の多くは、現代の加速度的な生産ペースに背を向け、資源やエネルギーの消費を少なく抑え、ローカルコミュニティで多くを循環させるシステムになっている。そのため既存の市場システムとくらべて、社会経済的な負の影響が少ない。利益という観点では生産性が低く見えるかもしれないが、雇用創出や、人間と環境のウェルビーイング向上という点で見れば、明らかに生産的だ。

社会と生態系の危機がエスカレートし、貨幣経済が行き詰まっている今、共有と協力の試みは有望な世界の到来を期待させる。社会の基盤となりうる具体的な仕組みを実践し、確立しているからだ。このあとに続く第4章では、さまざまな形でプロビジョニングを確保し、新しいコモンセンスやアイデンティティを育てていくにあたり、それに適した環境を整える政策について考えていきたい。第4章で提示する制度改革や構造改革は、第3章で紹介したような、新しい発想や生き方をすでに実践している人々が教えているものだ。

実際に身体を動かして体験を共有すると、世代を超えたさまざまな生き方や関係性に接する機会になる。都会型農園で土地を耕してみることで、食べ物を生産するむずかしさや、食べ物の旬についてよくわかるようになる。そうすれば農業に従事する人々との連帯感が深まり、食品ロスが減り、食べ物の旬を大事にした食事をしていきたいという思いを抱くようになるだろう。

あるいは、協同組合のプロジェクトに参加してみることで、「自分は単なる商品の買い手である」という認識が薄れていくかもしれない。権力者に対して遠くから不満を口にするだけでなく、望む世の中を築く作業に自分も加わろうという気持ちになってくる。

日常的に身体を動かしていれば、人間の身体はその動きを覚えるものだ。脳の働きも、使っている言葉や習慣、思考のパターンに合わせて発達する。だから、ある方向に向けて心と身体を動かし、仲間も引き込んで同じ活動を教えていくことで、わたしたちは望む自分になっていくことができるし、それを次の世代へと渡していくことができる。思考、行動、交流の癖《くせ》を大なり小なり変えていけば、システミックなパラダイムシフトにつながっていく。

大勢の人の考えと行動が変わるなら、個人的な関心は政治的な関心になる。もちろん、週末は海外でショッピングをしていた人が、地域菜園で友達とオリーブ摘みをするようになったり、夕方はテレビを見るだけの生活から、近所の子どもと遊ぶ生活に自発的に変わったりしたとしても、それで世界の成長至上主義を止められるわけではないし、気候変動をなかったことにできるわけでもない。

それでも、新しい習慣を身につければ、人のポテンシャルは一日一日と広がっていく。それが周囲に影響を与えることで、家族や近隣住民、同級生、同僚のポテンシャルも広がる。文化が変わるのも、大きな転換が起きるのも、その基本はいつでもかならず人なのだ。人と人間関係が変わることで、変化は導かれる。

第4章

道を切り拓く5つの改革

政策と制度の改革は、共進化の結果であり、原動力でもある。すでに新しい常識が浸透して、ウェルビーイングを重視した低負荷の生活が奨励されている社会は、脱成長を推進する改革を支持するだろう。そうでない社会も、重要な政策がタイミングよく導入されれば、脱成長を望むコモンセンスが浸透し、コモンズのインフラが整うチャンスが生まれる。

この章では、望ましい未来を導くために組み合わせて推進していきたい5つの改革を提案する。目指すのは、一般市民がより少ない時間の労働で、より少ない生産と、より少ない消費を行い、より多くを共有し、より多くの自由な時間を謳歌し、尊厳とよろこびのある人生を生きていける未来だ。

5つの改革とは、第1に成長なきグリーン・ニューディール政策、第2に所得とサービスの保障、第3にコモンズの復権、第4に労働時間の削減、第5にこれら4つの政策を支える公的財政の整備である。

文化、地理、政治の状況や規模によって設計や適用に違いが生じるが、そうした違いがあることも理解したうえで、ここではOECD（経済協力開発機構）に加盟する国々に適した方法を考えていきたい。紹介するのは、すでに検討や試験的導入が始まり、一部ではあたりまえのものとして浸透しつつある提案だ。ここまでの章で成長型システムについてかなり批判してきたので、各国の政党が現時点で推進する政策を聞いても不充分に感じるだけかもしれないが、真剣な検討、議論、実験が行われている内容を踏まえて考えていくのは決して損ではない。

成長追求型の社会を維持したまま、その安定やグリーン化のために導入するなら平凡な政策であっても、成長なき社会のために導入するなら、より根本的な改革となる。資源消費量と環境負荷を削減しつつ、ウェルビーイングを維持することを目指す場合、制度の構造そのものを変えていく必要があるからだ。

改革1　成長なきグリーン・ニューディール政策

アメリカやEUを含め、世界各地で提言されているグリーン・ニューディール政策は、社会・経済の改革と公共事業を統合して、社会経済問題と環境問題を同時に解決しようとするものだ。わたしたちが考える脱成長のビジョンは、このグリーン・ニューディール政策の統合アプローチと共通しており、2019年にアメリカ議会の決議案で示された次の目標とも大筋で一致している。

(A)公正かつ公平な移行で、温室効果ガス排出量実質ゼロを達成する。
(B)質がよく高賃金な雇用を創出し、すべての人々に繁栄と経済保障を確実にもたらす。
(C)21世紀の課題に持続可能な解決を導く社会インフラと産業に投資する。
(D)今後数世代にわたり、すべての人々にきれいな空気と水、気候とコミュニティの回復力、身体によい食べ物、自然とのつながり、持続可能な環境を保障する。
(E)現状に歯止めをかけて、将来予想される問題を防ぎ、問題と直接的に接している脆弱なコミュニティへの歴史的な抑圧を解消することで、正義と平等を推進する。[*1]

とはいえ、グリーン・ニューディール政策と脱成長の提言には、いくつか無視できない違いがある。現在話し合われているグリーン・ニューディール政策の多くは、「緑の成長」(環境にやさしい経済成長)と、繁栄(いわゆる所得と物質的な富の増加)の実現を目指している。脱成長の視点はそれとは正反対だ。全員の所得増加を謳うことは、すなわちGDP上昇を目指すことであり、それは環境破壊の増大に結びつくと考える。

このジレンマに注目しているのが、「終わりなき成長というドグマとの決別」を求める欧州グリーン・ニューディール政策だ。発展を測るいちばんの指標であるGDPの成長に背を向け、代わりに真に重要なもの、つまり「健康、幸福、環境」を重視する。[*2]具体的な取り組みという点でも、脱成長とグリーン・ニューディール政策には共通する部分が多い。たとえば再生可能エネルギーの迅速かつ大々的な導入、輸送と農業の脱炭素化、建物を炭素排出実質ゼロとするための改築と手ごろな環境優良型住宅の提供、森林の再生と生態系の回復などだ。

しかし、脱成長のビジョンはさらにその先に踏み込み、たとえ再生可能エネルギーを拡大したところで、成長追求型の経済のままではコストとリスクが増すという点を問題視する。欧州グリーン・ニューディール政策の計画では、環境公正委員会を設立し、エネルギー資源の埋蔵地や鉱物資源の産出地に対する補償を含め、コストと恩恵の公正な分配を目指すことになっているが、脱成長のビジョンとしては、この動きを支持しつつも、社会と生態系に対する負荷を削減するもっとも基本的な方法、つまり、そもそも使用するエネルギーと資源の総量を減らしていくことを要求する。

エネルギーがクリーンなものへと移行すれば、化石燃料に依存する産業の雇用や収益が大幅に縮小するのではないか——という恐れに根ざした政治的な抵抗勢力も大きい。こうした圧力への対応として、グリーン・ニューディール推進派は、環境分野で新たな雇用や消費が創出されるという理由で、この政策が経済全体の起爆剤になりうると力説する。確かに、労働者が環境汚染産業からクリーン産業に移行できるというのは、脱成長のビジョンから見ても大きな意味がある。

しかし、わたしたちは、それによって全員の所得を増やそうとは考えない。このあとに説明する第4の改革「労働時間の削減」では、労働者一人ひとりの労働時間を短縮し、適正な賃金が広く行き渡ることを通じて、成長なき高雇用率を実現させることを想定している。

グリーン・ニューディール政策の提言はかなり野心的だ。経済成長なしではその資金が調達できないと思えるかもしれない。だが、わたしたちは改革1〜4のすべてを支えるリソースの調達および再配置の手段として、第5の改革で公的資金に着目する。グリーン・ニューディール政策の開始にあたり、政府はおそらく公的な「緑の銀行」[1]を通じて、グリーン・ニューディール債を発行する。その資金を投じて行う公共事業で利益を出し、それを回収することになるので、経済全体の成長をかならずしも必要としない。[*3]

年金基金をグリーン・ニューディール政策に出資することで、資金を公的部門にとどめておくという手もある。中央銀行がグリーン・ニューディール債の一部を引き受けるという、量的金融緩和政策とは逆の仕組みを活用することも考えられる。

改革2　所得とサービスの保障
――ユニバーサル・ベーシックインカム、ユニバーサル・ベーシックサービス、そしてユニバーサル・ケア・インカム

ユニバーサル・ベーシックサービス（UBS）とユニバーサル・ベーシックインカム（UBI）は、いずれもすべての市民が尊厳をもって健康に生きていける環境の創出を目的としている。同時に、社会に対して無償で行われる貢献の価値を評価し、さまざまな形式の協働的活動の基盤をつくっていくことも目指している。

ユニバーサル・ベーシックサービスは、誰もが基本的に必要とするサービス、すなわち教育と医療を全員に提供することを指す。併せて、食べ物、住まい、公共交通機関への手ごろなアクセスを確保する。

ロンドン大学グローバル・プロスペリティ研究所の経済学者たちの推算によれば、

[1] クリーンエネルギー開発など、環境改善事業のための資金調達を専門とする金融機関。

住居、食事、移動手段、インターネット接続を保障する場合、イギリスのGDPの2・3パーセントに相当する費用がかかるが、現状で認めている減税措置の3分の2を撤廃すれば調達可能な金額だ。*4

ユニバーサル・ベーシックインカムのほうは、自治体や州、国の住民一人ひとりに対して所得を支給する仕組みだ。ユニバーサル（普遍的）、すなわち無条件で万人を対象とするものなので、生活保護のように受給することが恥や不名誉の烙印《らくいん》とされないし、受給資格を証明せねばならないという現状の役所主義的な非効率性も発生しない。

OECD加盟諸国の場合、成人に支給するベーシックインカムは、平均所得の15〜22・5パーセントが妥当だ。原資としては、所得上位10〜15パーセントの層に対する税金をわずかに増やし、ベーシックインカム導入によって削減される給付金の予算を充当することで調達できる。*5

アメリカのヨーク大学の政治学者ルイーズ・ハーグの考察によると、ベーシックインカムはおどろくほど多種多様な思想の人たちから支持されており、まったく方向の違うさまざまな政治活動団体から導入を訴える声が上がっている。*6 たとえばアメリカの政治哲学者カール・ワイダークイストは、搾取を伴う労使関係に「ノーと言える自由」を高めるという目的で、かねてからユニバーサル・ベーシックインカムを推進している人物だ。多様な設計とアプローチを研究し、カナダ、フィンランド、ケニア、アメリカ、イギリスにおける導入実験を考察している。[*7]

重要なのはユニバーサル・ベーシックインカムの導入方法と目的だ。所得を保障すれば貧困が軽減し生産性が向上する、つまり経済成長を後押しできるという考え方もある。それとは反対に、搾取的な雇用から労働者を解放する、環境を破壊する体制と決別して生きていく、といった目的で導入を目指す例もある。[*8]あるいは、雇用確保か環境保護のどちらかしか選べない二者択一を超えて、地球を守りながら暮らしを営むことを可能にする政策の要件として、ベーシックインカム導入を訴える考え方もある。[*9]これらは脱成長のビジョンと適合している。

さらにもうひとつ、フェミニズム活動家たちとの対話から、わたしたちはユニバーサル・ケア・インカムを提言するようになった。ベーシックインカムの形式の一種だが、ケア・インカムは、命を持続させ家庭とコミュニティのウェルビーイングを守る無償の活動に対する保障という意味をもっている。本来、ケアの活動は人間が誰でも行うものだが、女性に著しくかたよっているのが実情だ。[*10]そのケアワークに対してユニバーサルに所得を保障するというのは、わたしたち全員が自分と身内、他者を助け世話をし合うことを前提としている。そしてその貢献と能力に対し、公共から、すなわちわたしたちが共有する富から資金を出すことにより、公平性と連帯を育むことを意味している。

脱成長の中心にあるのは、利潤追求ではなく、具体的かつ意義のある支援を通じて生活を成り立たせ、さらに謳歌できるものにしていくための協同的な活動なのだ。所得やサービスという形で、全員に等しく基本的《ユニバーサルベーシック》なサポートを提供すれば、国の富が市場メカニズムではない方法で分配される。また、よりスローで、より市場原理主義的でない経済へと移行するにあたり、その移行期にも全員に一定の衣食住が確保されるので、脱成長へ向けた変容を支えることができる。さらに、公共交通機関の利用など、資源消費や炭素排出の削減にとって不可欠なサービス共有の仕組みを推進することになる。雇用維持と環境保護のどちらかしか選べないという二者択一も解消される。

最後にもうひとつ、生活を維持する基本的なサービスと所得が一律に保障されることによって、自分らしいライフスタイルを追求し、時間の使い方もケアの活動も自分で決めていく自由が確保されることになる。

改革3　コモンズの復権

売り物ではなかったものを商品にする、公的サービスだったものを民営化するということに関して、国や自治体の政策は、ある意味では非常に見事にやってのけてきた。だとすれば、生産体制、プロビジョニング、そのほかの衣食住の所有・運営を人々が共同で行う仕組みを、国や自治体が政策によって推進していくことも、等しく可能なはずではないだろうか。

具体的に言えば、水道とエネルギーの供給、ごみ処理、交通機関、教育、医療、保育といったサービスだ。これらは営利企業ではなく、市町村や消費者協同組合で運営していくことができる。

アメリカのカリフォルニア州では、大規模な山火事がきっかけとなって2019年にパシフィック・ガス&エレクトリック社が破綻したことから、電気・ガス・水道会社を消費者が所有すべきだという運動が始まった。消費者が役員となれば、運営状況を利用者の立場から監視できるし、株主に配当金を払う必要はないので、大幅なコスト削減につながる。電気、ガス、水道といった公益事業や住宅供給などのシステムを利潤追求から解放することで、共有財《コモンズ》として再認識させ、協働型のガバナンスで生産と再生を行っていくというわけだ。

　コモンズの推進に積極的に取り組む都市は数多く存在するが、そのひとつがスペインのバルセロナだ。２０１５年からバルセロナ市の行政を預かっている市民政党「バルサローナ・アン・クムー（ＢｉＣ）[2]」は、市のイノベーション推進機関「バルサローナ・アクティバ」（当初は民間のインキュベーター、すなわち起業支援団体だったが、現在は市議会の一部門となっている）の役割を拡大し、連帯経済とコモンズ型事業に携わる人材やネットワークのサポートなどに力を入れている。行政としても、モノやサービスを民間から購入する際の基準として持続可能性と社会的責任を最重要項目にした。また、民間による新たな住宅供給のうち30パーセントを低所得層の市民のために確保することを法で義務づけ、市の家賃補助によって安く住める住居１２２２戸を用意した。市有地にも新たな公営住宅の建設を進め、共同所有を可能にするスキームも推進した。自転車レーンも全長２５０キロに拡張している。使用されていない公有地は地元協同組合などへの譲渡を進めた。公営の電力供給会社「バルサローナ・エネルジア」を設立し、市が所有する土地に建てた太陽光発電設備を利用して、公共施設に電力を供給している。

　こうした機能に加えて、土地もパブリックスペースとして取り戻すことが可能だ。市有地を民間に払い下げて利益を得ようとしていた当初の計画を取り消すなど、状況に適した形でコモンズにしていくことができるだろう。使用されていない区画を広場や公園に転用する、料金やアクセス問題を見直して海岸や森林、山などの自然と市民が触れ合えるようにする、活用されていない公共施設や民間施設を地域の自治会や協同組合に利用させるといった方法も考えられる。

低コストの工夫でも、おどろくほどウェルビーイングを向上させられる。バルセロナの「スーパーブロック・プログラム」は、まさにその一例だ。縦に走る大通りと横に走る大通りで囲んだ400メートル×400メートルの区画を設定し、その区画内は自動車の通行を遮断して路上駐車を禁止するという試みである。交通標識をいくつか用意するだけで実施できるので、そのわずかなコストだけで住民の生活の質と健康状態を改善し、その地域内の経済を活性化することができる。[*11]

現状では私的利益を増やすことを意図して、さまざまな名目や規模で設計されている法律、助成金、減税措置も、社会や連帯のための事業や協同組合を支援する仕組みに組み替えていけばいい。選択肢は多様だ。そうした団体の管轄を法で定める、コモ

[2] 英語名はバルセロナ・イン・コモン。「共有するバルセロナ、みんなのバルセロナ」。

ンズ型スタートアップのために研修や指導を提供する、公共調達でそうした団体を優先する、エシカルバンク[3]で基金を設立する、減税や社会保障費の優遇措置を定める、倒産した企業の所有権を従業員に移して再建を任せるなど。[*12]

こうしたさまざまなコモンズの復権に加えて、わたしたちがもっとも重要だと考えているコモンズ、すなわち衛生と健康とケアも、公共のものとして回帰させていきたい。病気の蔓延《まんえん》や感染症流行が起きたときにレジリエンスをもたらすのは、こうしたコモンズの存在だ。

ケアと連帯、支援のネットワークは、地域内と地域間の両面から整備していく必要がある。予防医療を含め、公共医療システムと協同組合型の医療システムを、充分な予算を与えて整備する。健全に過ごすことのできる環境と、健康で手ごろな食べ物へのアクセスを重視した、総合的な健康増進プログラムをつくる。人種・民族差別や格差などが原因で健康被害が生じたり、ほかの悪影響につながったりすることが多いので、その解消にも努力する。

改革4　労働時間の削減

化石燃料の使用に加えて、テクノロジー、情報、組織のイノベーションが進んだことで、労働生産性はこの100年で何倍にも高まった。現在の欧米諸国は国民全員が必要とする量をはるかに超えて生産している（ただし分配が適切でないため、基本的ニーズを満たせていない国民が存在する）。そして市場を拡大したり、スタイルに変化をつけてバリエーションを増やしたり、計画的陳腐化で買い替えを促したりと必死に画策することで、過剰生産に応える過剰需要をつくり出しているのだ。

経済成長への固執から自由になれば、この悪循環からも抜け出せる。そのための方法が労働時間の削減だ。市場のための生産を行う労働は減らして、代わりに、労力や時間の使い道を自分で決められるコミュニティの活動を増やしていく。

オートメーション化と人工知能の浸透が人間の雇用を奪うと言われているが、かならずしもそうとは限らない。現時点で雇用されている人たちの週当たりの労働時間を

［3］社会や環境のためのプロジェクトに融資し、軍事などへの融資は行わない金融機関。

短くすれば、求職者の雇用機会は増える。このワークシェアリングによって、過労で疲弊している労働者と、生活が不安定な失業者、その両方のストレスと不安を軽減することもできる。

歴史を振り返ると、生産性が継続的に向上しているとき、労働者は賃金上昇や労働時間短縮を獲得してきたものだった。だが、ここ数十年間の構造改革の結果として、生産性向上で増えた利益は、大半が企業の利潤と株主の配当に回ってしまう。その一方で多くの国において平均賃金は上昇せず、平均労働時間は増加している。

政府や企業の政策で、この傾向を逆転させることができるはずだ。有給休暇の日数を増やす、育児・介護休暇の制度を整える、サバティカル休暇を認める、時短勤務・週4日勤務・パートタイム勤務の仕組みをつくるなど、形式はさまざまに考えられる。[*13]法的な安全策を整え、現場の労働状況を把握することで、業務に従事する時間を制限したり、リモートワークを導入したりすることもできるだろう。

たとえばアメリカでは、運輸省の自動車輸送安全局が民間のトラック輸送における連続運転時間に上限を設定し、休憩時間を義務化したことで、長距離トラック業界の働き方は大きく変化した。トラックに搭載されたコンピューターで、稼働状況はきちんとモニタリングされている。[*14]

化石燃料や肥料など、環境負荷を与える資材の投入を減らせば、産業によっては生産性低下につながる。それでも引き続き同じ量の製品をつくっていこうとすれば、結局は労働時間を増やさざるをえない。だからこそ、脱成長のビジョンでは、生産量と消費量の両方を減らそうと訴えるのだ。エネルギーの移行と、公正な雇用、そして人間と環境のウェルビーイングのすべてにかかわってくるからだ。

労働時間を総体として削減すれば、炭素排出量をはじめとして環境に与える負荷が減少する。[*15] また、労働時間が短くなることで、生産する量も減り、消費する量も減り、お金を伴わない活動（レジャー、ケア、コミュニティへの参加など）に使う時間が増える。それが健康的でレジリエンスを備えた社会をつくっていく。

自由に使える時間が増えると、ショッピングをしたり、豪勢な旅行に出かけたり、コンピューターゲームに興じたりして、エネルギーと資源消費の多い行動をするだけだと思うかもしれないが、その心配は無用だ。思考と創造に使える時間とパワーがたっぷりあると、人はすばらしい想像力や知恵を発揮する。子ども時代と同じだ。

炭素排出に対する課金・課税が設定されれば、環境負荷の大きいレジャー産業は魅力が薄れる。その一方で、環境負荷の少ないフェスティバルやスポーツのイベントならば、誰かと一緒に楽しい時間を過ごすという文化的基盤を築いていくことができる。

改革5　環境と平等のための公的支出

経済成長をしないなら、こうした政策の資金をどうやって調達すればいいだろうか。実のところ、利潤追求をせず、GDP上昇も目指さない政策に移行した場合でも、さまざまな選択肢を通じて政府の歳入・歳出を成り立たせることができる。

たとえばカナダやスイスでは、炭素排出に課金し、その収入を分配するプログラムが導入されている。この仕組みなら、温室効果ガス排出量を削減しつつ、同時に所得の再分配につなげられる。[*16] アナリストの計算によれば、アメリカの場合は炭素排出1トン当たり100ドル前後の支払いを課すことで、効果的なシステムとして成立する。[*17]

こうした支払いによる「気候収入」は、前述のユニバーサル・ベーシックインカムやユニバーサル・ベーシックサービスのような公共プログラムの資金に充当してもいいし、個人への税額控除などで還元してもいいし、その両方をまかなえるかもしれない。高所得層にはより高い炭素税を課し、所得階層の下位半分にいる人々の所得を増額するという形で、徴収と分配のバランスを取るべきだという意見もある。

炭素課金の導入に成功すれば、排出量削減につながる。それは地球にとってよいことだが、しだいに炭素排出量が減少すれば、収入が少なくなるので、分配金も少なくなる。予測される減少分は、炭素課金の計画的な値上げと連動させる、あるいは、政府支出の優先順位を段階的に移行することで補完できるだろう。化石燃料の探査と開発に対する助成金をなくすだけでも、大幅な支出削減となる。GDP成長を促す意図で計上される政府支出（企業への補助金、近年問題視されている医薬品開発に対する過大な助成金、それから国防費など。アメリカの2019年の国防費は約7000億ドルだった）の妥当性について、[*18]市民や政治家が厳しい追及を行うことで、その支出を国家にとっていちばん大切なリソース、すなわち国民の健康と幸せを確保するために割り当てさせることができるかもしれない。

社会を維持するもの、つまり労働への課税はやめなければならない。代わりに、社会を破壊するもの、つまり環境破壊や不平等に課税すべきなのだ。炭素排出のほかにも、たとえば水や大気の汚染、有毒な廃棄物、資源採取に対し、戦略的に課税をしていく。肉や糖分過多の飲料の摂取、プラスチックの使用、頻繁な飛行機の利用など、地球と人間にとって好ましくないモノやサービスの消費も、課税によって抑制につなげることができる。

付加価値税や売上税は逆進税（所得が少ない人ほど負担率が高くなる租税）となる場合もあるが、奢侈《しゃし》税（SUV、ヨット、プライベートジェットなど、贅沢《ぜいたく》だと認められる商品やサービスへの課税）を導入すれば、税収確保になると同時に、公平性の推進となり、不必要な消費や資源浪費を抑止する手段にもなる。

富裕層に対する累進課税を世界規模で調整すれば、不平等の緩和につながる。経済学者トマ・ピケティは、金融資産と大型不動産、そして莫大な相続財産に対して累進課税を設定し、併せて金融取引や為替差益にも国際課税を行うという案を提言している。[*19]

ルーズベルト時代のニューディール政策では累進的所得税が効果的だった。累進的所得税のおかげで、当時のアメリカは異例の経済的平等と、世代間の社会的流動性[4]が実現する時代を迎えた。１９３６年から１９８０年にかけて、アメリカ国民の個人所得に対する最高限界税率は70パーセントから91パーセントだった。[*20]

今日、このような税制を導入するには、租税回避地《タックスヘイブン》に対して国際的規制を制定し、富裕層を呼び込むために極端な低税率を定めようとする国家の租税競争を阻止する必要がある。[*21]

ほかにも、より公平な所得分配を実現する政策として、最低賃金と平均賃金の上昇や、労働者の団体交渉の権利を高めていくことが挙げられる。おそらくさらに重要なのは、所得に上限を設定する、もしくは急激な累進税率を導入して、最大所得を抑制することだ。「足るを知る」という精神を世の常識にするのである。[*22]

すでに世界のさまざまな企業や非営利団体や政府機関において、組織内の最高報酬額と最低報酬額の格差を8対1以内に収めるという、「ウェイジマーク」と呼ばれる国際認証基準が導入されている。[*23] ２０１６年、アメリカのオレゴン州ポートランドで住民投票が行われた結果、この比率が一定水準を超える企業は高額の課徴金を払うことになった。[*24]

こうした税や制限がうまく機能すれば、経済はより公平になり、課税対象となる有害行為もやがて減少していく。社会にとっても環境にとってもよいことずくめだ。当然ながら有害行為が減少すれば税収も減り、財政のバランスが変わるが、それに対する長期的な計画も提案されている。たとえば、公的サービスにおける営利企業への委託を減らす。また、ウェルビーイングへの高い貢献が見込める、コストの低い介入に重点を置く。最新かつ最高価格帯の医療機器に対して助成金を払うのではなく、家庭医による予防医療の推進に重点を置くといった方法で、公的サービスの財源減少に適

[4] 社会的階層を移動していくこと。特にここで示唆しているのは、親が低所得層でも子が高所得層になることが可能になったということ。

応していけるだろう。

低負荷・低コストで回る世界を、犠牲を強いる緊縮財政によってではなく、全員のウェルビーイングとともに実現するためには、少ないコストで運営される連帯経済やコミュニティ経済を段階的に補強していけるかどうかが、重大なカギとなる。

相乗効果

これら5つの政策には相乗効果がある。

法人税や富裕税の見直しと、政府支出の見直しを行えば、グリーン・ニューディール政策やベーシックサービスの資金調達が可能になる。

ベーシックインカムや、炭素課金収入の分配で、一部の市民において消費活動が刺激されるかもしれないが、資源使用税や炭素課金が適切に設定されていれば、生態系に悪影響をおよぼす活動を抑止することができる。

コミュニティ経済を支援する政策があれば、労働時間の削減とユニバーサル・ケア・インカムによって解放された創造的エネルギーを発揮する場所が確保される。

アメリカでは、正社員でなければ医療や退職、教育などの福利厚生が得られないため、労働時間の短縮がむずかしいのだが、それらのニーズをカバーするユニバーサル・ベーシックサービスがあれば、企業や学校なども採用基準や業務体系を柔軟に改善することが可能になる。

紙幅の都合で詳細な考察はしないが、ほかにもさまざまな政策変更で、脱成長への移行を支えることができる。特に根本にかかわるのが、通貨システムの改革に関する提案だ。全目的貨幣[5]の使用範囲を限定する、公共貨幣[6]をつくる、民間銀行による融資を通じた貨幣創出を禁止する、地域通貨や時間銀行の普及を支援する、などである。[*25]

また、食品ロスを削減するための食品流通システム改善、肉中心の食文化からの脱却、アグロエコロジー型農業やコミュニティ支援型農業の推進など、より生活に根ざした政策変更も効果が期待できる。地方の復興と人口回復、地方の経済と生態系の再活性化も、健全な脱成長を支えるための不可欠な方策となるだろう。

---

[5] 使用範囲や内容を限定する地域通貨のような特定用途貨幣ではない、使用に制約のない貨幣。現行の一般貨幣はこれに当たる。

[6] 負債を伴わずに発行される貨幣。パブリックマネー、ポジティブマネーとも言う。

ひとつの地球、さまざまな現実

この章で紹介した試みや提言は、わたしたちがよく知っている、スペインやアメリカなどOECD諸国に適用することを意図したものだ。そのほかの国でもうまく導入できるものもある。だが、先進国の知見を西洋以外の国々や低所得国に移植するのではなく、むしろそうした国々のコミュニティ、市民社会、そして環境正義や社会正義を求めるグループから、わたしたちは学んでいくべきだと考えている。

脱成長の視点に立てば、OECD諸国は世界のほかの国々に方向性を示す立場ではなく、まず足もとの体制を立て直さなければならないということがよくわかる。先進国は他国を踏み台にして成長してきたからだ。

まずは、マネーと天然資源が低所得国から高所得国に向かう流れを止めなくてはならない。人類学者ジェイソン・ヒッケルの報告によると、2012年に発展途上国が受け取った支援の2・5倍の金額が、同年のうちに債務返済と資本逃避《キャピタルフライト》を通じて支援国に流れていた。[*26]

この額とくらべると定量化はむずかしいのだが、人的資源という点でも、同じく莫大なマネーが低所得国から高所得国に流入していると言える。低所得国が育て、教育し、面倒を見てきた人材が、安価な労働力として高所得国の企業利益のために働いたり、雇用を求めて高所得国に移住したりしてしまうからだ。

ヒッケルは、こうした富裕国への価値の流れを制限する策として、租税回避などを可能にする守秘法域を禁止すること、不正な資金の流れにかかわった銀行員や会計士に罰則を科すこと、法人所得に対する国際課税によって国際資金移動に逆インセンティブを与えることを提案している。

それから債務免除も重要だ。富裕国は生態系へのダメージと炭素排出を貧困国に押しつけている。その生態学的負債と炭素負債の支払いとして、富裕国は、貧困国が負っている金銭的な過剰債務を帳消しにするのが妥当だという考え方である。この仕組みを支持する声は多く、ヒッケルもこれに同意している。[*27]

グローバルな環境正義化の動きは、気候破壊への対策になる。生産量と消費量を削減すれば、炭素排出量は減少する。だが、気候変動に対する脱成長の闘いは、GDPを縮小して終わりではない。この章で説明した対策の相互作用が大切なのだ。エネルギー移行の推進、生態系の炭素吸収機能を回復させるグリーン・ニューディール政策への投資、すべての市民を等しく対象とする低炭素型公共サービスの保障、炭素排出への課金とその収入の分配、炭素排出削減につながる労働時間短縮、そして低炭素型コミュニティ経済とライフスタイルの支援……これらは組み合わされることで相乗効果を発揮する。

　すでに、脱成長を意識した改革として、世界でさまざまな具体案が提示されている。たとえば化石燃料の新規開発の凍結、化石燃料に関する広告の禁止、化石燃料生産の段階的撤退とそこで働く労働者の公正な移行、飛行機の頻繁な利用に対する課税、道路交通網や空港の拡張禁止、都市に自動車乗り入れ禁止区域を設ける政策、自動車開発や発電所建設における炭素排出量の厳しい制限、新築住宅や賃貸不動産に対する省エネ性能の基準策定、などである。こうした政策は、環境に対する悪影響の抑制に加えて、不景気対策にもなる（ただし脱成長の視点では、不景気になっても成長再開を目指さない。成長せずウェルビーイングを維持することに主眼を置く）。

　グリーン・ニューディール政策は、開発を必要とする健全な経済活動を刺激し、雇用をそうした経済活動へと移行する手立てになる。ワークシェアリングを導入すれば、少なくなった雇用を多くの労働者で分かち合うことができる。ユニバーサル・ケア・インカムで市民をサポートすれば、不景気でも、洪水・火事・嵐に遭っても、感染症が流行しても、気候変動に伴い激化したさまざまな災害で被災したときにも、市民が自分や家族を支えていくことができる。今回の新型コロナウイルス危機で、石油価格が大幅に下落したのは、炭素税導入のよい機会でもある。

炭素排出をはじめとする環境負荷を削減する政策も、医療やケアのコモンズを支えるための政策も、経済を後退させるのではないかという懸念から導入が進まないものが多い。そんなふうに経済成長を優先して、引き換えに世界の環境や人間の健康を犠牲にしないためにも、5つの改革を通じて、成長なきウェルビーイングと福祉を実現したいのだ。

変革の実施は確かに非常にむずかしい。経済の刺激や成長ではなく、縮小を前提に取り組むとなれば、いっそう困難な挑戦だ。これほどラディカルな課題に対して、誰を集め、どのような組織で立ち向かえばいいのだろうか。誰が味方となってくれるだろうか。現状の政治環境には、どのような機会と障壁があるだろうか。こうした疑問や戦略的問題について、第5章でさらに掘り下げていきたい。

第5章
人々を動かすための戦略

未来を想像することは大切だ。未来に向けて今ここから行動を起こしていくことも、同じくらい大切だ。

本章では、脱成長を目指す変革を、誰が、誰に対して、どう推進していけるか考えていきたい。文化が変容し、経済も気候も危機に直面し、社会が不安定で、政党がさまざまな道を模索するなかで、どのような機会があり、どのような壁があるだろうか。多くの活動家がそれぞれの問題について声を上げ運動を起こしているが、そこに同盟関係《アライアンス》を築くことができるなら、はるかに大規模な動員が実現するのではないだろうか。

アメリカの社会学者エリック・オーリン・ライトは、変容をもたらす戦略を3つに分けて論じている。第1に貫入型（現状のシステムの亀裂に、別のシステムをつくる）、第2に共生型（システムのなかで改革を試みる）、そして第3に破砕型（支配的なシステムを破壊する、反乱を起こす）だ。[*1]

第3章で見たように、経済成長への依存を軽減し、常識を変えていくために、貫入型の新しい選択肢をつくり出していく必要がある。有望なのは、たとえば協同組合やエココミューンだ。そのほかにも、既存のシステムからの脱却ではないにせよ、大きな変化に向けて新たなコモンセンスや政治的展望をつくっていこうとする活動が存在している。

一方、第4章で紹介したような制度改革は、共生型の戦略だ。必要な変革に多くの人が納得し、これまでと異なる生き方を実践し、望ましい社会に向けて貢献していけるよう、今のあり方を変えていくことを目指す。そして、非暴力的な運動や抗議活動、ストライキや蜂起といった破砕型の闘いも、それぞれの立場を守り、改革を要求していく役割を果たす。

本書著者であるわたしたちは共進化型の戦略を掲げている。個人のレベルの改革と、コミュニティの改革、そして政治的な活動とイノベーションを接合していくのだ。具体的な方針を実現し、政策として維持するためには、脱成長は単なる抽象論ではなく毎日の行動だと理解する人々の強固な基盤が必要だ。だから、まずはコミュニティ経済の支援を重視する。環境負荷の少ない世界を構築・維持していくという長期戦に向けて、草の根の活動を育み、人々のアイデンティティとコモンセンスを強めていく——そうしたコミュニティ経済を軌道に乗せることが重要だと考える。

脱成長が実現した未来は、経済成長を支えるために進化してきた階級や人種・民族、ジェンダーによる差別、そして植民地主義的ヒエラルキーに背を向けることになるが、だからといって同じ意見の層でまとまったり、特定のグループを排除したりするものであってもいけない。政治的課題は実践と衝突を経て形成されていくものであり、行動し、ときにはぶつかることによってコミュニティ経済が育ち、成長なき繁栄への道を考えようとする新しい常識が浸透するからだ。

加速する気候破壊、不平等、権威主義的政権といった現実の前では、ここに提示したような文化的価値転換の戦略はひどくのんびりして見えるかもしれない。確かに差し迫った対応をしていかなければならないことは事実だが、プロセスが段階的に積み上げられていくものだからといって、その成果がのんびりとしか進まないとは限らない。予想外の出来事によって状況が変わり、別の可能性が開き、それまでの選択肢が消え、持続可能な社会にとっていちばん大切なものに新たな光が当たることもある。新しい価値の文化的な受け入れが臨界点《ティッピングポイント》を迎えれば、そこから変化は急速に進み、現状維持の勢力をひっくり返していく。研究では、人口の25パーセントが支持すると、その社会改革は一気に進行することが明らかになっている。[*2]

ドイツ出身の思想家ハンナ・アーレントが教えているように、政治活動はときに予想もしなかった展開や、過去に前例のない展開を引き出す。スウェーデンの少女がたったひとりで始めた「気候のための学校ストライキ」は、ほんの数か月で全国に、そして世界に広がった。多くの若い世代が（若くない世代も）声を上げ、政治的討論会を開き、日常生活においても行動を起こすようになった。

成長がもたらした弊害を踏み台に

エリック・オーリン・ライトの主張によれば、既存の社会秩序において予想外の出来事が起きたとき、それを機会として活用し、社会運動を進めていくことができる。たとえば気候危機は、グリーン・ニューディール政策、炭素排出への課金とその還元の仕組み、そしてライフスタイルの改革に対し、多くの人の賛同を集める機会になっている。イギリスでは、政府が2050年までに炭素排出ゼロを実現するという目標を掲げているが、保守党支持層の半分を含む大多数の国民が、2030年までに実現すべきという、よりラディカルな案を支持している。[*3]

同じく気候危機、そして今回のパンデミックのような健康危機、あるいは技術革新によって起きる雇用消失の問題は、ベーシックインカムやケア・インカムの導入と労働時間の削減について話し合う追い風でもある。不平等と貧困の拡大という切り口から、富裕税の導入、報酬比率の是正、ユニバーサル・ベーシックサービスの検討につながられる。買い物、住宅、教育のために人々が抱える負債の増大、そして国家が抱える債務の増大は、債務帳消しを求める組織的な「債務ストライキ」で、綻《ほころ》びかけた制度を転覆していくチャンスでもある。

文化の変容も機会を生み出す。たとえば環境保護活動は数十年前からライフスタイルの変革を訴えているが、車に乗ったり肉を食べたりするのは人間と環境に対して有害だというのは、ヒッピーか過激な環境保護団体の極端な主張にすぎないとして、これまではずっと軽視されていた。しかし今日では、自転車での移動や、シェアリングエコノミーの実践、植物由来の食べ物を選ぶといった行為が、日常生活のなかでめずらしくないものとなりつつある。マクドナルドでさえ、植物由来の代替肉「ビヨンド・ミート」を使ったバーガーを開発しているほどだ。

マスメディアとソーシャルメディアはいまだに「地位財」の誇示的散財をするよう人々を煽っているが、昨今ではこうしたメディアプラットフォームに対する懸念の目も強くなった。環境への悪影響だけでなく、お金や見た目に執着することで生じる個人的なコスト、たとえば借金、不安、孤独感、摂食障害、依存症などが問題視されている。

世界中の人々が、もっと賢明な暮らしと消費のあり方を求めている。29か国を対象に実施した調査では、回答者の70パーセントが、過剰消費が地球と社会にリスクをもたらしていると考えていた。そして約50パーセントが、今所有しているモノの大半がなくても幸せに生活できるだろう、と答えた。自動車や教科書や別荘を共有する仕組みが一般的になりつつあるという認識も確認された。[*4] 文化と常識にこうした変化が起きているからといって、人の活動や投票行動がすぐさまきっぱりと変わるわけではない。それでも、変革が育つ確かな土壌となることは間違いない。

市民社会の風潮はどうだろうか。政府に対するプレッシャーを発揮して要望を通すことができるだろうか。2010年以降、アラブの春、ウォール街占拠運動、スペインの「15M運動」[1]といった抗議や蜂起の活動が、現政府の政策転換から政治システム全体の転覆まで、さまざまな要求を掲げて既存体制への不満を表明した。結果的に構造改革が起きた例もあれば、厳しい弾圧で終わった例もある。

10年がたつ今でも、こうした運動同士が結びつけられて議論されることはほとんどないし、抗議運動に至った歴史的経緯を総合的にとらえる認識も広まっていない。しかし脱成長を掲げるわたしたちは、これらの抗議活動の根底にあるのは、経済成長の追求という共通の問題だと考えている。不平等も、搾取も、そして経済の乱高下や停

[1] 2011年5月に始まった、全国的な生活防衛の広場占拠運動。15Mは運動の始まった「5月15日」のこと。

滞も、すべて成長至上主義に端を発しているからだ。

この本の執筆を進めていた2019年後半にも、チリ、エクアドル、ハイチ、ベネズエラ、レバノン、フランスなどで、次々に大規模な抗議運動が起きた。彼らの主張の方向性を考えてみると、そこに一貫した直接的動機はなかったし、脱成長を謳う横断幕なども一切なかったが、それでも共通する問題は経済成長だったとわたしたちは感じている。成長の名のもとでいっそうの犠牲を要求し、危険な限界にいっそう近づいている政治と経済こそが元凶なのだ。

ラテンアメリカでも2000年代の10年間は、石油や鉱物や木材や大豆といった大量生産品の搾取・収奪的消費を積極的に行いながら、経済を急成長させていた。そして政府は、機会の拡大や繁栄を全員に約束することで、経済成長によって生じる犠牲を正当化していた。その10年間のあとに訪れた債務過多と景気低迷で、現在ラテンアメリカ全域が政治的混乱状態にある。

そう考えれば、文化や社会の草の根から生まれ、そこで広がってきた脱成長の活動や思想は、今まさに政治の場で公式に議論されるための機が熟してきたと言えるのではないか。有権者が声を上げ求めることで、その思想は一部の政党に取り込まれ、発展し、別の政党の反発によって揉《も》まれていくものだからだ。

実際、欧州委員会やイギリス下院は、すでに脱成長の議論を始めている。[*5] 脱成長につながる具体案の検討もあちこちで進められている。

たとえばニュージーランドの与党である労働党は、GDP成長よりもウェルビーイングを優先するという姿勢を明確に打ち出し、国民の心身の健康維持と、子どもの貧困の撲滅、先住民への支援、低炭素型経済への移行、そしてデジタル化推進のために国家予算を割り当てると宣言した。[*6] イギリスの労働党も、グリーン・ニューディール政策やユニバーサル・ベーシックサービスや週4日労働の導入を主張し、化石燃料の使用量削減をねらいとして、エネルギーや鉄道などの公共インフラ・セクターを規制する、もしくは一部または完全に国有化する案を掲げている。[*7] スペインの議会は、新型コロナウイルス感染拡大への対策として、困窮する人のための最低所得保障の法案をまとめた。

とはいえ、各国の政治組織の大半は、今も経済成長の追求を中心に考えている。ニュージーランドの労働党は公式にはGDPを支持しなくなったかもしれないが、現在でも、2パーセント程度の経済成長維持を念頭に置いている。選挙で選ばれた政治的指導者がはっきりと脱成長を打ち出した例はない。メディアも政治も資本主義のスポンサーに依存している状況では、それは政治家にとってリスキーすぎるのだ。第4

章で提示したような先駆的な改革を支持する政治家であっても、往々にして、その改革が経済成長と両立すると思い込んでいる。だが、文化と経済、環境からのプレッシャーを追い風として、改革そのものは支持している政治家たちに経済成長に対する執着を捨てさせていくことができるはずだ。時間はかかるし、辛抱強い草の根の努力が必要となるが、わたしたちはそう確信している。

成長追求からの離脱を阻むもの

しかし、成長追求がもたらした弊害を逆手に取るのは、当然ながら簡単なことではない。成長がもたらした安定や地政学的な利権やアイデンティティが損なわれることへの懸念が、成長追求からの離脱を阻《はば》むのだ。

イギリスの保守系の政治哲学者ジョン・グレイは、「経済成長を最大限に推進するという構想は、苦しむ人間に提示する案として、もっとも下品な理念と言えるのではないか」と認めた。[*8] しかしグレイは、多くの人に資源消費を減らすよう求める政治的構想は「ポピュリストの反発と地政学的暴動」に遭うだろうと述べ、そうした反発や暴動が「定常経済に向かう試みをことごとく阻止しにかかる」と警告する。[*9]

成長追求をやめるというのは、成長ありきで築かれてきた政治経済の安定に対する深刻な脅威なのだ。経済の招かれざる停滞や不況、あるいは緊縮財政のせいで苦しみ、生活を破壊された市民が、経済成長を自発的に止める案を拒絶したくなるのは、当然と言えば当然だろう。一部の政治家はこれを都合よく利用して、経済成長がもたらす悪影響の証拠を否定し、破綻の兆候に世間の目を向けさせようとする意見を攻撃する。

そして第2章で述べたように、こうした不安定な時代において、政府は富の再分配の必要性から国民の注意をそらすため、生産システムが変化しても旧式の雇用形態を維持するため、そして福祉サービスの資金を確保するため、いっそう経済成長を追い求める。また、経済危機が起きて成長が伸び悩んだときには、脱成長のビジョンに対する批判や、成長ありきの常態《ノーマリティ》に戻れと叫ぶ声が、ますます勢いを増す。

経済成長は地政学的パワーともつながっている。植民地拡大から冷戦時の軍拡競争に至るまで、国家の経済成長は、世界の勢力図における強さと密接に結びついてきた。より大きな経済的パワーをもつ国が、そうでない国の人的資源と天然資源に安くアクセスし搾取・収奪する。得られた利益で軍事力に莫大な投資をする。軍事力の強さはますます有利な立場を創出・維持していく。

消費が減り、エネルギーおよび食料の国内自給率が改善し、ＯＥＣＤ諸国が他国の植民地化と搾取の必要性から解放される――そんな平和的撤退の可能性は、どのような条件が整えば実現するだろうか。一部の生産工程を国内回帰させ、併せて国連やEUやIPCCなどの国際的統治メカニズムを強化していくためには、脱成長のアジェンダだけではない、きわめて多様なレベルでの戦略が必要だ。グローバルに連携してグローバルに実行していかなければ、どこかひとつの国が掲げるグリーン・ニューディール政策や富裕税徴収のような案をきっかけに、外国資本と国内資本の奪い合いが勃発し、定常状態を目指すはずの体系的移行が無秩序なカオスと化すだろう。しかし国家間の協調があれば、グローバルな生産と市場に混乱が予見されたときにも食料などの必需品の供給を補い合って、自立性を守っていくことができる。

異論を認めない全体主義と、変化や革新を忌《い》み嫌う保守志向、そのふたつが合わさったときの相乗効果は危険だ。歴史を振り返っても、突然の景気低迷は独善的な勢力の台頭につながりやすい。こうした勢力は、ターゲットにした集団を不況の犯人として非難し、繁栄と秩序を取り戻すと約束することで、権力を掌握する。

状況の変化にはそれまでとは違う対応が求められるので、民衆が不安を感じるのは自然なことだが、政治家にとってはこれがチャンスなのだ。変化はこれまでのアイデンティティや価値観、生活様式を脅かすものだと感じさせることで、有権者の不安を煽る。昨今では極右や白人至上主義のナショナリズム・キャンペーンが、まさにそうしたチャンスを活用して、気候変動否定論やパンデミック否定論、アンチ・フェミニズムやアンチ・ビーガン、中絶反対、環境保護反対、移民反対といった勢力を増大させている。

脱成長推進派にとって、選挙を通じて政治に加わるのも、地政学的支配を求める声と折り合っていくことも、脱成長に対する過激な反発や保守的な全体主義に耐えていくことも、決して楽な道ではない。市民的不服従の活動は、こうした条件を踏まえたうえでの選択肢だ。非民主的で継続不可能な秩序を維持しようと暴力を行使してくる勢力に対しても、大規模な非暴力の抗議活動で立ち向かうことができる。

だが、成長が止まれば経済も社会も政治も無秩序状態になるのではないか、という不安は実に大きい。市民や政治家が脱成長の理念や提案に賛同できずにいる理由は、もっぱら、こうした不安がさまざまな形で彼らの足を引っ張るからなのだ。

同盟関係を築く

では、どうすればいいいか。不安を煽る政治的環境で、必要なのは手を組むことだ。

自然愛好家、医療従事者や介護などに携わるケアワーカー、子育て中の家族、自転車愛好家、ビーガン、多忙な専門家、ヒッピー、失業者、借金を抱えた家族、気候難民、都会を捨てて田舎暮らしを選ぶ帰農運動に加わった人々、高齢者、反植民地主義や反資本主義の活動家たち……大勢の人々が同盟者《アライ》になりうる。

脱成長派にとって有望な同盟者はさまざまに考えられるが、ここではその一部を論じたい。労働者、フェミニスト、人種・民族差別反対の活動家、そして低所得コミュニティのメンバーだ。

まず、労働者について。製造業、建設業、輸送・交通、教育、医療、ホテル・飲食業、食料品販売など、さまざまな産業で働く人々は、脱成長派にとってかけがえのない同盟者となる存在だ。従来型の労働組合から、オンラインのコミュニティに至るまで、多彩な形態の労働者組織も、大きな動員力をもつ。

だが、化石燃料への依存を断ち切り、環境破壊を抑制しようという提案は、雇用と生活水準と安心を維持したい労働者にとっての敵と認識されている。雇用の維持か環境の保護か、という二者択一を迫られることへの反発については、ベーシックインカムなどの政策によって解消していくことができるだろう。同時に、辛抱強く意見を聞き、話し合うことで、脱成長のビジョンと用語が労働者の心に響くものとなるよう、力を合わせて発展させていく必要がある。労働者階級による環境保護活動の萌芽《ほうが》を促すためにも、そして労働者が中心となった公正な移行を進めていくためにも、そうした努力は絶対に欠かすことができない。

生産手段を支配する大企業が、公平かつ低炭素の未来へ向かう動きを阻んでいる現状では、生産活動を行う場こそが闘いの現場だ。世界のモノの流れが依存している今の生産システムを壊すにあたり、組織化された労働者たちは労働協約交渉やストライキや職場封鎖などを通じて力を示していくことができる。

これは労働者だけの闘いではない。経済地理学者デヴィッド・ハーヴェイが指摘したように、環境をめぐる闘いも、消費欲求や生活様式を変えていくための闘いも、ケアや再生産労働をめぐる闘いも、根幹的には生産とはどうあるべきかという問題であり、労働条件をめぐる闘いと結びついている。[*10] 尊厳のある働き方、公平な賃金の分配、余暇、全員に行き渡るケア、住宅および食料の確保といった目標を中心に考えれば、脱成長は労働者を脅かす改革ではなく、労働者にとって意味のある改革と理解され、同盟関係を築いていくことができるだろう。

次に、フェミニストについて。この本で提示してきたさまざまな問題は、フェミニズム活動家が訴えている問題でもある。家庭のため、健康と栄養のため、育児や介護のためのケアワークが、正当な賃金も支払われず、市場としても軽視されていることについては、すでにフェミニストたちが先頭に立って世間の注目を呼びかけ、学術的にも研究を進めている。

成長至上主義は成人全員にフルタイムで働くことを要求するので、人間的な生活やコミュニティを守り、環境を守り、それらを次の世代へとつないでいくための活動がないがしろにされる。しかも、そうした経済システムにはジェンダー差別的な犠牲が内在していることを、フェミニストたちが明らかにしている。性差や人種・民族による賃金不平等と闘う活動家や団体も、所得問題とケア・インカムの問題を掲げるわたしたち脱成長派と手を組んでいくことができるだろう。

人種・民族差別に反対する活動家や運動との同盟は、実のところ、きわめて重要であり、きわめてむずかしい関係でもある。メインストリームの環境保護活動の様子を見ると、組織的リーダーシップを取っているのも、科学やメディアの分野で中心になっているのも、白人男性ばかりだ。気候行動ムーブメントに加わる学生や市民活動家たちのなかにも、人種・民族差別や家父長制、植民地主義の傾向があり、誰もが平等に力を合わせることを困難にしている。[*11]

西洋文化には、片方が優れていて片方が劣っているとみなす二元論が染みついている（人間／自然、白人／非白人、男性／女性、異性愛を当然とみなす層／性的少数派《クウィア》など）。人間のために自然を支配・収奪するのはやむをえないという、人間例外主義もはびこっている。環境活動家であっても、二元論のうちの支配的なアイデンティティをもっていると、そうした現状が転覆されることに対しておよび腰になりやすい。

だが、同じ環境保護活動や社会正義運動であっても、メインストリームではなく草の根の活動は、それとは正反対だ。男性ではない、白人ではない、裕福ではない活動家が立ち上がり、先導し、責任者となっている例が多く見られる。低所得国でも富裕国でも、その傾向は同様だ。1967年にマーティン・ルーサー・キング牧師が貧困撲滅と不平等軽減のために基本所得の保障を訴えたことも、あるいはサパティスタ民族解放軍がメキシコの国家開発を拒否して自分たちで未来をつくる権利を要求していることも、彼らがよりラディカルな構想を推進していることも、決して偶然ではない。

脱成長派は、人種・民族差別に反対し多様な立場から社会正義を求めている彼ら・彼女らの運動から学び、そして同盟を組んでいくために、多様な知恵と知識に敬意を払いながら、対話を重ねていくことを優先しなければならない。

低所得のコミュニティや国家で生活する大勢の人々が、経済成長が約束する恩恵に背を向ける運動を、なぜ支持するのだろうか。いわゆる先進国に住むわたしたちがその理由を理解するには、まず、彼らの置かれた状況や立場は大きく違うのだという点を認識する必要がある。拡大し続けるグローバル経済の辺境に暮らす人々にとって、ヨーロッパや北米の経済に背を向けることは、むしろ安心材料なのだ。本書著者であるわたしたちがブラジル、ボリビア、メキシコ、エクアドルで出会ってきた先住民は、採鉱や森林伐採、掘削、道路建設、アグリビジネスなどによる侵略行為に生活を脅かされている。彼らは、長年築いてきた結束や独自の小さな経済を守るために闘っている。

一方で、ラテンアメリカやアフリカでも、たとえば都会の中間層や政治指導者など、生活水準をどんどん上げていきたいと思っている人々は、脱成長を魅力的に思わないだろう。多国籍企業による搾取と収奪を容認する見返りとして、手数料や税金を課し、それで国家債務を返済していこうとする政府にとっても、やはり脱成長は魅力的ではないだろう。中国は言うまでもない。数世代にわたって貧困に苦しんできた国だが、今は人類史上例を見ないほどの規模で経済的・物質的成長を獲得しつつある。彼らにとっても、脱成長論に説得力は感じられないことだろう。

この本では、経済成長の追求がどのように植民地主義、性差別、人種・民族差別、そのほかの不平等を形成してきたかを考察してきた。だからといって、そうした経緯で生じた不平等な立場の人々全員に、わたしたちの掲げる脱成長論がかならず当てはまるのだと主張するつもりはない。裕福な北半球社会で活動しているわたしたちは、他者とともに学び、他者から学ぶ必要がある。人々を動かすつもりでも、それが歴史的ヒエラルキーに染まったやり方であってはならない――という点を考察する文脈で、ドイツとオーストリアの研究者コリーナ・デングラーとリサ・マリエ・ゼーバッハが、フェミニストのアプローチと脱植民地主義的アプローチについて語っている。

「脱成長を、北の先進国《グローバル・ノース》から南の途上国《グローバル・サウス》に一方的に教える策だと勘違いしてはならない。南がもっている概念、ムーブメント、思想に対して、北が補完していくと考えるべきだ。ゆえに、そうした南の『同じ道を行く人々《フェロー・トラベラー》』と手を結ぶ方法を探ることが、脱成長を推進するにあたっては絶対に欠かせない[*12]」

コロンビア出身の人類学者アルトゥーロ・エスコバルは、北側社会の脱成長ムーブメントと、ラテンアメリカのポスト開発論とに、見解が重なる部分があると指摘している。もともとの思想は異なり、認識も政治的実践のあり方も異なっているが、生態系の健全性と社会的正義が守られる新しい世界を思い描き、成長追求や経済至上主義の支配的常識に対して抜本的な疑いの目をもつという点で、両者は共通している[*13]。

生きる意味があり、平等が保たれ、生態学的に持続可能な世界を求めて、それぞれの条件のもとで闘っている世界各地の人々に、彼らにとっての諸悪の根源である先進国でもわたしたちが同じように闘っていることを知ってもらうのはむずかしいかもしれない。そうした差異を超えた誠実な対話と同盟を誓っても、うまくいくとは限らない。[*14] バルセロナの環境経済学者ベアトリス・ロドリゲス=ラバホスの研究チームは、環境正義活動家へのインタビューを通じて、「アフリカ、ラテンアメリカ、そのほかグローバル・サウスに含まれる多くの地域と、北側諸国の貧困コミュニティや周縁化されたコミュニティにとって、脱成長という言葉は魅力的ではなく、ニーズにも合わない」と結論づけた。[*15]

本書著者のひとりスーザン・ポールソンは、生産や消費の増加ではなくウェルビーイングと連帯を優先する世界各地のコミュニティについて調べ、多様な文化、言語、国籍の研究者との複数年にわたる共同研究を行ってきたが、立場の違いを超えて対話することのむずかしさとやりがいを実感している。[*16]

わたしたちの経験から言って、低所得の環境で暮らすさまざまな人々に共鳴してもらえるのは脱成長という言葉そのものではなく、脱成長を求めるコモンセンスだ。結局のところ、脱成長のビジョンと提案は、長く育まれてきた宗教や信仰の価値観や、低所得コミュニティで日々営まれる生活を含め、さまざまな立場の人々が抱く思想と手法から引き出したもの、またはそれらを参考にしてつくってきたものだからだ。

労働者の闘いの歴史や、近代的な取り組みを、まったく別の画一的な道に置き換えてしまうのではなく、複数の道が相互に尊重しつつ花開いていけるように、わたしたちは同盟者から学んでいきたい。よりよい世界のために活動するネットワーク同士を連帯させるイニシアチブ「グローバル・タペストリー・オブ・オルタナティブズ」と同じく、メキシコのサパティスタが思い描くような、「さまざまな世界のあり方が共存できる世界」を目指すのだ。[*17]

政治改革のための動員

これほど多様な立場や関心が結びついたとき、そこからどのような動員や政治的行動を起こせるだろうか。

選挙で選ばれた公職者、労働者、低所得コミュニティなど、それぞれが抱く問題意識は、脱成長の方針に対する受け止め方や利害が食い違う場合もある。たとえば同じ気候変動対策であっても、科学者と活動家では、脱成長のような構想に連帯することのコストとメリットについて、激しく議論が割れることが多い。アメリカの気候科学者マイケル・マンは、気候行動ムーブメントと、よりラディカルな構想が結びつくことで、「支持者になってもらわなければならない存在（たとえば無党派層や、穏健派の保守主義者など）を遠ざける危険性」があるのではないかと危惧している。そういう人々は「進歩的な社会変革が含んでいるさまざまなアジェンダを懸念している」からだ。[*18]

脱成長という言葉が多くの運動を団結させる旗印になりにくいのだとすれば、ほかに、活動の連帯と組織化を表すメタファーに適した表現はないだろうか。

アメリカのコロンビア大学の研究者パディニ・ニーマルとクラーク大学のダイアン・ロシュローは論文のなかで、多様な自然と文化、特に先住民や周縁化された人々の文化を守る闘いで目的および手段として成立しているネットワークとルーツのありかたが、根茎《リゾーム》をなしていることを指摘し、それを手本とすることを主張している。[*19] 竹やツタウルシのような植物は、茎や地中の根のネットワークを横に広げ、節《ノード》を発展させる。その節から、また新たな根や芽が生まれ、縦にも伸びていく。

実際のところ、脱成長のビジョンや思想、行動は、目には見えない関係のネットワークを通じて支持・拡散されている。そうした関係が文化的同盟、市民組織の同盟、あるいは政治活動の同盟をつくり育てていく。偶発的な接点が生じることで、より多くの根が伸び、より多くの芽が姿を現し、そして望ましい変化がきっと起きていく。選挙活動や、大規模な非暴力の抗議運動、さらには予想もしなかった多彩な表現活動として、新たな萌芽が見られていくはずだ。こうした形での動員は排除がむずかしい。目に見える活動が妨害や反発に遭うときでも、そのリゾームを構成する要素――脱成長のコモンセンスと、活動と、さまざまな関係――は土のなかで生き残る。そしてさらに根を伸ばし、新しい芽として地上に顔を出す。

望む世界を日々実践し、法制化し、動員していく

第3章の冒頭で、経済成長の終わりを想像するのは世界の終わりを想像するよりむずかしいと指摘した。資本主義の終焉と言ったほうが、まだ想像の余地があるかもしれない。経済が低迷または急落すれば、成長への欲求と追求はいっそう強くなるからだ。脱成長に向けた政治的活動に人々を動員していくことも、同様に困難だと感じるかもしれない。

それでも、すでに視界に入りつつあるほかの未来予想図とくらべて、脱成長のほうがより人道的で公平で、人類が進むべき道だとわたしたちは確信している。すでに動員に成功している実例の数々には、勇気づけられる。人々が同じ目的を抱いて集まり、これまでとは違う生産と消費と生活を選びながら、生産労働／再生産労働や社会組織

の古い様式を取り戻したり、新しい様式を生み出したりしている。

当然ながら先行きは簡単ではないし、単純でもないだろう。むしろ妨害があり、反動があり、抑圧、見直し、そして予想外の展開にも遭うことだろう。だが、コミュニティ経済の活動と、政治的活動への動員、そして制度改革は、ひとつに接合することができる。この点を強調するために、この本全体を通じて、もっぱらバルセロナでの事例を紹介してきた。

バルセロナでは、2011年にスペイン各地の広場を占拠して行った抗議運動を発端として、この街に深く根づいた協同組合型経済で経験を積んだ活動家たちが動員力を発揮し、2014年にバルサローナ・アン・クムーという政党が結成された。オープンな集まりからボトムアップで生まれた市民政党だ。不況や住宅ローン危機で苦しむ労働者階級と、バルセロナの活気あるコミュニティ経済や社会正義の運動に加わる若者と大人たちが手を組み、同盟を築いたのである。怒濤《どとう》の展開を経て、結成から1年未満で、バルサローナ・アン・クムーは自治体選挙で勝利するに至った。

同じような展開は世界各地で同時多発的に起きている。イギリスでは、若者の抗議運動が「モメンタム」という組織に進化した。労働党内の一組織として、労働党が掲げる政治公約の一部を彼らが急進的に進めている。アメリカでは、「サンライズ・

ムーブメント」という若者たちの組織が、民主社会主義者を自任するバーニー・サンダースの選挙運動を大きく盛り上げていた。

こうした活動の政治的な効果や持続性については、現段階ではまだ判断できない。最善のプロジェクトであったとしても、政治の変化や地政学的な変化、あるいは国内の分断、もしくはその状況固有の勢力から妨害を受けるかもしれない。

しかし、先に述べたようなバルセロナの事例から、ぜひ学んでほしいことがある。社会運動を通じて登場した、または変容したほかの政治団体にとっても、おそらく参考になるはずだ。バルセロナでは、文化に深く根を下ろし、具体的に実践されているさまざまな改革同士が、互いの差異を超えて同盟として接合しているのである。

脱成長の政治活動が実現可能かどうか、あなたはまだ確信できないかもしれない。わたしたちも手放しで信じているわけではない。停滞した経済が不安定になれば、それが政治的に危険な兆候であることもわかっている。拡大ではなく縮小を掲げて政治的プロジェクトを発展させていくことのむずかしさも、よくわかっている。脱成長の理念とビジョンに共感はしても、政治的に実現不可能と考えている多くの人々は、環境にやさしく包摂的な経済成長を約束する政策を推すだろう。

しかし、第2章で論じたように、そしてこのあとの「脱成長に関するよくある23の質問への回答」でも説明するとおり、グリーンでインクルーシブな経済成長など単純に言って実現可能ではないし、望ましいものでもない。今現在ひとにぎりの人間だけが、他者に高い代償を押しつけながら享受している物質的生活水準を、２０５0年には90億に届こうとする世界人口の全員に届けていく方法など、技術的にも政策的にもありえないのだ。公平なウェルビーイングのために資源を共有し合う制度をつくるのか、それとも世界人口の大多数を排除するか、どちらかの道しかない。

脱成長論のなかでもいちばん身近なメッセージとして、わたしたちが伝えたいのは、協力と共有をベースとした節度ある暮らし、それ自体が希望だということだ。たとえ際限のない経済成長が経済的、社会的、生態学的に持続可能だとしても、それはわたしたちが求める人間らしい生き方の充足をもたらさない。脱成長とは、人間のポテンシャルをみじめに自己否定することではないし、抑えつけるものでもない。多くの人、多くの地域にとって、よろこびにあふれ、健康的で、満ち足りていて、持続可能な生き方を、力を合わせて創造的に構築していくこと——それを実現するような社会と経済へと方向転換していくのが、脱成長なのだ。

尊厳ある働き方、利己的な競争の減少、人や環境の公正な関係、個人の優劣でランクづけされないアイデンティティ、結束力のあるコミュニティ、人間らしい生活のリズム、自然環境への敬意は、脱成長が目指す目標であると同時に手段でもある。ライフスタイル、制度、政治において、わたしたちは脱成長の未来を日々実践し、行動していく。

［付録］

脱成長に関するよくある23の質問への回答

「緑の成長（環境負荷の低い経済成長）」について

1――国がもっとゆたかになれば、環境をあまり破壊しない経済になるのではないですか。

いいえ、そうはなりません。裕福な国の経済は、貧困国よりも多く資源を消費し、貧困国よりも多く炭素を排出するからです。富裕国の経済がもたらす環境負荷は、GDPの単位当たりで比較すれば少ないかもしれませんが、そもそも人口1人当たりのGDPが多く、資源の使用と炭素排出も人口1人当たりでは貧困国の経済を上回ります。

「環境クズネッツ曲線」という考え方によれば、国家は発展するにつれ、より多くの環境負荷をもたらしますが、ゆたかさがあるレベルまで達すると、その先は経済成長がもたらす環境破壊が少なくなると言われます。しかし、これは統計データによって強く否定されています。[*1]

中所得国のなかには、富裕国よりも早くから環境基準を導入しているところもあります。炭素排出のような大きな問題に対しては、所得が増えれば排出が減るという傾向はないのです。国がゆたかになればなるほど、炭素排出は増えます。しかも高所得国は、資源と工業製品の輸入や、廃棄物の輸出によって、自国の環境負荷をほかの貧困国に転嫁しています。

2―資源は少なめに使いながら多くを生産していくことは、不可能なのですか。

可能です。しかし、資源消費を減らし続けながら、同時にＧＤＰを成長させることはできません。[*2] １９８０年から２００２年にかけて、世界の物質フローは年１・78パーセントで伸びていました。世界ＧＤＰの成長率とくらべれば小さい規模ではありますが、増えていることは事実です。その後２００２年から２０１３年にかけて、物質フローは年３・85パーセントで伸び、世界ＧＤＰの成長率を上回るスピードになりました。

現在、ある国の経済と別の国の経済を比較してＧＤＰに１パーセントの差がある場合、物質使用量には０・８パーセントの差があります。[*3] アメリカのような高所得国の国内資源消費量は、すでにピークに達し減少傾向にあるように見えますが、これはグローバル化によって資源投入がアウトソースされたからです。輸入品を含め、アメリカで消費される財やサービスを生産するために使用する物質の量を計算すると、マテリアル・フットプリント[1]はGDP成長と比例して伸びていることがわかります（EU諸国やOECD加盟国で調べても同様です）[*4]。

もちろん、こうした過去のパターンが未来にも同じように続くとは限りません。しかし、どの分析モデルでも、使用される物質の量は2050年には大幅に増えると予測されています。技術改善と法の整備で最大限に厳しく引き締めたとしても、資源消費は17パーセント伸びる見込みです[*5]。

3――資源を、より効率的に消費していくことはできないのですか。

できます。しかし、成長追求型の経済において、より効率的に資源を消費すれば、その資源は安くなり、全体の消費量は増えるのです[*6]。これは経済成長の基本です。労働と資源の生産性向上によって浮いた資源を、さらなる生産や新しいサービスに投じて、より多くの価値を引き出そうとします。特別な家電や省エネ対策で効率性が増すこと自体は、悪いことではありませんが、資源効率の高い経済は、物質使用量の多い経済でもあるのです。

誤解しないでいただきたいのですが、資源効率を高めることは大切です。しかし、脱成長を掲げるわたしたちが求めるのは、より少ない資源消費量でより多く生産していく効率性ではなく、より少ない資源消費量でより少なく生産していく効率性なのです。消費量が増えれば環境負荷が増えることは避けられないからです。効率性向上は量の制限を伴う必要があります。資源消費量には上限を、汚染排出量には削減を義務づけるのです。

効率性という手品師の帽子から、永遠にウサギを出し続けることもできません。エネルギーや資源の効率性向上にも限界があります。その限界を超えると、成長すればするほど、エネルギーと資源の消費も増える一方です。

効率性向上の規模だけでなく、効率性向上の速度にも限界があります。冷蔵庫や自動車など、一部の財のエネルギー効率は、過去35年間に年2パーセントで向上してきました（経済の平均成長率に近い数字です）。しかし、すべてがそれほどすみやかに向上できるわけではありません。空の旅の効率性はほとんど変わっていませんし、発電所の効

[1] 国の需要を満たすために消費された天然資源の量。

率性向上は年1パーセントだけです。[*7]

4―クリーンなリソースを使えば、汚染をもたらす資源消費の代替になるのではありませんか。

そのとおりです。しかし、よりクリーンな代替資源であっても、汚染は生じます。また、経済が成長すれば、代替資源の消費量と汚染排出量も増えます。

たとえば太陽光発電や風力発電は石炭火力発電よりもクリーンですが、それらがつくるエネルギーは、リチウムやコバルトを使用する電池に貯蔵されます。クリーンな技術を使うためにはレアアースも必要になるため、採取と精製で地球環境を破壊せざるをえません。パリ協定で合意した目標をクリーンな技術によって実現するなら、レアアースの世界的需要は2050年までに300パーセントから1000パーセントも増えるのです。[*8]

つまり、ただ新しいエネルギー選択肢を増やすのではなく、これまでの汚染排出要因（化石燃料、ガソリンを大量消費する車など）を減らしていくことが、重要なのです。電気自動車の販売台数は伸びていますが、それを言うならSUVの販売台数も増えています。太陽光発電と風力発電が急速に成長していることは事実ですが、それによって化石燃料の使用が減ることにはなっていません。システムに注ぐエネルギーを増やしているだけなのです。[*9] クリーンな代替品を増やすことは必要ですが、それだけでは充分ではありません。

5——消費や排出に対して、市場で「正しい値段」がつけばいいだけの問題では？

確かに、汚染を排出するならば、その汚染排出に対する費用を払うべきです。しかし、市場は「正しい値段」を決定しません。[*10]

資源消費と炭素排出には、量の削減を促すだけの高い税金をかける必要があるのです。現在、炭素1トンに対する課税は、世界平均ではたった8ドルです。それを2030年までに100ドルから5000ドルにしていけば（どの程度の課税なら気候変動を止められるのか、科学者のなかでも意見が割れています）、事実上、石油および石炭の使用禁止につながると考えられます。経済成長は減速するでしょうが、それはよいことです。

裏を返せば、だからこそ、市場に任せていては実現しません。経済成長においては、安くすることが重要だからです。汚染を排出する側の負担が大きくなったら、その業界は政治的・経済的パワーを行使して、改革を阻止するでしょう。ですから、市場の動きや価格設定ではなく、法律によって変えていかなければならないのです。

6――情報とアイデアだけで経済成長はできないのですか。

ＳＦならば、できるでしょう。現実には、できません。

映画ならば、人がプラグを挿し込まれて眠ったまま機械に電力を供給し、機械によって生かされながら、夢の世界でどんどんお金を使うことも可能でしょう（それも無意味なことですが）。しかし現実の世界では、情報とコミュニケーションのテクノロジー（ＩＣＴ）の驚異的な成長は、資源消費量を減らしていません。ＩＣＴが高度に発達している国ほど、マテリアル・フットプリントが大きいのです。

経済の中心が農業から工業へ、そしてサービスへと移行するにつれ、マテリアル・フットプリントは縮小ではなく拡大する一方です。ＩＣＴサービスも資源とエネルギーを消費しますし（サーバーが何によって動いているか考えてください）、情報やコミュニケーションを売って儲けたお金を使って、結局は物質を買ったり投資したりしているからです（インターネット企業家がプライベートジェットをもつのが、そのよい例です）。

7―なぜ脱成長を推すのですか。循環型経済《サーキュラーエコノミー》ではだめなのですか。

現在の過剰に開発された経済は、循環させるだけでは充分ではないのです。経済はエントロピーの法則のもとにあり、モノを再利用・再生するにも、もしくは再生可能エネルギーを使うにも、エネルギーや資源、人間や自然を必要とします。[*11] その循環が大きく、速くなれば、エネルギーと資源の使用も増えるのです。

産業革命は経済を直線的にしました。エネルギーとモノのフローが循環し再生される経済に回帰できるなら、安く搾取し、一方通行で消費し、その後は廃棄することに慣れてしまった現在の直線型経済をスローダウンさせられるでしょう。[*12] ですから循環型経済と脱成長はともに進化していくべきものです。実際に、どちらか片方ではなく、ともに進化していくことになるでしょう。

8―一部の国では、経済成長しつつ、同時に炭素排出削減に成功しているのではないですか。

そのとおりです。ＯＥＣＤ加盟36か国のうち18か国は、２００５年から２０１５年にかけて、年平均2・4パーセントで炭素排出量を削減しています。輸入品を計算に入れても基本的な傾向は変わりません。大きな成果ですし、歓迎すべきことなのですが、ある計算によると高所得国は年8〜10パーセントの削減が必要なので、望ましいスピードでは脱炭素化を達成していません。[*13]

その点、経済成長を抑えるならば、脱炭素化は比較的容易になります。炭素排出3パーセント減を実現するためには、経済が年3パーセントで成長している場合、求められる排出削減は6パーセントになります（GDP1単位当たり6パーセント減）。経済成長が1パーセントなら、削減は4パーセントです。気候変動と経済成長の闘いは、加速する下りのエスカレーターを走って上っているようなものなのです。

世界の経済が2100年までに11倍に成長するか、それとも現状維持となるかで、大きく違ってきます。実際のところ、炭素排出量を削減した18か国は、ほかの国家よりも経済成長率がはるかに低いので（エネルギー消費とGDPの成長率は平均で年1パーセント程度）[*14]、それが実現しているのです。

9―グリーン・ニューディール政策への支出は、経済成長を刺激することになるのでは？

短期的にはそうなるでしょう。しかし、グリーン・ニューディール政策の目標である化石燃料削減に成功したあと、再生可能エネルギーから得られる所得の増加が経済成長を維持するに充分であるとは考えにくいのです。

太陽光や風力発電の場合、使用するエネルギーに対して得られる二次エネルギーの量は、石炭や石油、天然ガスよりも、一般的に単位当たりでは少なくなります[*15]。正味産出エネルギーが少ないということは、労働生産性も低くなるということです。労働生産性が低ければ、経済成長も小さいということです。

グリーン・ニューディール政策で炭素排出を削減しながら、公共事業に投資し、そこに質の高い雇用を創出し、公共事業の成果によって回収していくこともできます。それでも長期的には経済がスローダウンするでしょう。それで問題ないとわたしたちは確信しています。重要なのは、成長がなくてもやっていける制度が整っていることなのです。

10――GDPを指標にしなければいいだけのことではありませんか。

GDPは、今の経済が依存しているもの、すなわち市場の成長を測っています。GDPは幸福を測る目的で設計された指標ではないため、幸福の度合いを判断するにはほとんど役立ちません。

GDPは功罪を一緒くたにしてしまうのです。たとえば石油流出事故があれば、その除去のためにお金が使われるので、経済が回るという点でよいことになります。また、GDPは無報酬の働きを計算に入れません。あなたの妻が弁護士だとして、あなたの仕事の案件を妻に無償で担当させているとしたら、彼女は仕事をしているにもかかわらず、GDPは増えません。

「真の進歩指標（GPI）」など、ウェルビーイングとゆたかさを測る別の指標で見れば、経済成長が社会の幸福を実現していないことがわかりますし、経済成長をやめたあとの新たな指標が必要であることもわかります。とはいえ、車のスピードメーターを取り換えたからといって、それで速度が落ちることにはなりません。車を交換しなければならないのです。成長ありきの経済から、脱成長へと乗り換えるのです。

11―ウェルビーイングを成長させればいいのでは？

ウェルビーイングの向上は、まさしくわたしたちが求めているものです。それは資源とエネルギーの消費量を削減し、環境負荷を軽減することによって、達成されます。その向上は、物質成長やＧＤＰ成長とはまったく違うものです。

12―よいものを成長させて、悪いものを脱成長すればいいのでは？

そのとおりです。わたしたちも選択的脱成長を主張しています。わたしたちが求める「よいもの」の多く（自然と資源の保護、搾取・収奪される領域で周縁化された人々のエンパワメント、労働時間の削減）は、ＧＤＰ経済をスローダウンさせます。しかし、判断には慎重さが必要です。

「よいもの」が「悪い消費」を伴うことがあるからです。たとえば太陽光パネルはレアメタルを使用します。ですから、「よいもの」の増加も、ほどほどにしておかなくてはなりません。また、公衆衛生、教育、保育など、わたしたちが大切にしたい多くの「よいもの」については、単なる量的改善ではなく質的な改善が必要です。「よいものを成長させればいい」という表現は、誤解を招きます。

13——この本で提示されているスモールスケールの活動は、これからスケールアップしていくのですか。

拡大するものもありますし、しないものもあります。わたしたちは地産地消のコミュニティ経済の拡大を推していますが、あらゆるものを小規模または協同組合的な仕組みで生産することを要求しているわけではありません。

たとえばアグロエコロジーを活用した地域分散型の農業では、工業式農業とくらべて農薬や化石燃料の使用は少なくなりますが、産出量の単位当たりでは多くの労働力を必要とします。コミュニティ支援型農業で、市民の食の需要をできるだけ多く満たしていくためには、食品ロスを減らす、肉の消費量を減らす、旬の食材や地産の食材を積極的に食べるなど、ほかの工夫も必要です。また、こうしたコミュニティの取り組みを継続させるためには、穀物や、ミネラルを含む食品などは、集中型の生産システムで補っていくことになるでしょう。

それでも、小規模生産の選択肢があれば、不足を補うことができますし、レジリエンスも高まります。都市型農園で必要な栄養ニーズすべてをまかなうことはできなくても、それまで空輸や海運によって遠くから運んでいた野菜の多くを地元で育てていくことができます。キューバも、ソ連崩壊で経済が低迷した時期に、都市型農園によって飢饉《ききん》を避けることができたのです。[*16]

14――エネルギー消費量をそんなに減らすなんて、本当に可能なのでしょうか。

期待はできます。スイス連邦工科大学チューリッヒ校がまとめた「2000ワット社会」という構想によると、西洋の平均的市民は、生活水準を落とすことなく、2050年までに、エネルギー消費を年間1人当たり2000ワット（現在のグローバル平均）に減らすことが可能です。主に交通機関と建築とエネルギー生産のあり方を工夫することで実現します。

研究者がエネルギーの充足度と効率性の指標を組み合わせて計算したところ、ドイツにおける2人世帯の典型的な電力消費量は、ライフスタイルを極端に変化させなくても、75パーセントは削減可能だとわかりました。[*17] 平均的なアメリカ人は、1人当たり、2000ワットの6倍の電力を使っています。スイス人は3倍、インド人は12分の1です。[*18]

成長、貧困、不平等について

15——貧困を撲滅するためには経済成長が必要では？

経済成長は、貧困対策として充分ではありません。たとえばアメリカもイギリスも過去数十年間に大きく経済が成長していますが、アメリカでは4000万人、イギリスでは1100万人が貧困層です。人口に対する比率で見ればアメリカが12パーセント、イギリスが17パーセントで、1970年代から変わっていません。2008年の時点でも、高所得国の国民のうち24パーセントが、その国で社会的に許容可能とされる最低所得を下回る収入で生活をしていました。[*19]

また、経済成長は世界の貧困軽減のための効果的なメカニズムではありません。世界人口のうち、最貧困と呼ばれる所得層は、全体の60パーセントを占めます。世界の経済成長によって創出される新たな所得のうち、彼らが享受するのは、わずか5パーセントなのです。

　成功の果実の分配方法を改善すべきだというのは間違いありませんが、そもそも産出量を定常状態にする、もしくは縮小することを考えるべきなのです。経済の再分配は成長を阻害すると認識されていますし、経済が成長すれば将来的に全員の生活状況が改善されると謳われているので、むしろ経済成長は再分配しない言い訳となってしまいます。その意味で、経済成長の追求自体が、貧困撲滅の障害となっているのです。

16――不平等を縮小するためには成長が必要では？

　グローバルな規模で見ると、個人間の所得格差は縮まっています。中国と東南アジアにおいて、それまで極貧層だった人々の所得が増えたからです。しかし、国家間および国内の個人間における所得格差は、近年の経済成長にもかかわらず拡大傾向にあります。

　かつては、格差拡大は産業化初期の特徴だと思われていました。国家が裕福になれば、不平等も解消されていくのだ、と。しかし、経済学者トマ・ピケティが示したとおり、20世紀半ばにおける所得格差縮小は経済成長の結果ではなく、世界恐慌と第二次世界大戦で富裕層の資産が失われ、さらにその後にヨーロッパおよび北米で平等主義的政策が強く進んだからです。1980年以降、経済成長は不平等を拡大する一方で、解消には向かっていません。[*20]

やっかいなのは、経済成長そのものよりも政策です。経済が成長すれば税収が増えるはずですから、進歩的な政府であれば、社会のために多くを支出することが可能になります。ところがアメリカやイギリスでは、経済的産出量がごくわずかだった時期とくらべて、現在のほうが税率はかなり低いのです。経済成長を維持するためという名目で、エリート層の税負担が軽減されているからです。現在の経済の構造では、どれほど経済が成長しても、相対的貧困が生じるのです。

17—脱成長論は、人々に対して非現実的な所得減少を要求しているのではないですか。

世界のレベルに合わせるために高所得国の所得平均値を3分の2も下げろと言うのであれば、それは確かに望ましくはないですし、当然ながら政治的に実現可能でもないでしょう。

しかしわたしたちが語っているのは、直接的な所得減ではなく、資源とエネルギーの消費量の削減です。エネルギー消費量の３分の２を削減するのは、充分に検討可能なことです。心地よい暮らしをしている中間層の一部では、脱成長によって、確かに所得が減るかもしれません。しかし、所得の絶対額はＱＯＬ（人生の質）とイコールではないのです。

スペインの１９８５年のＧＤＰは、現在とくらべて人口当たりほぼ半分でしたが、当時のスペイン国民の生活水準はさほど悪くありませんでした。今でも、スペインのＧＤＰは人口当たりでアメリカの60パーセントですが（賃金で見れば、さらに差があります）、バルセロナ市民はフロリダ市民と同じような暮らしをしています。

物価はどの程度か、生活に必須の財やサービスが公営か民営か、規制されているか規制撤廃されているか、そうした条件によって所得の購買力も変わってきます。本書著者４人のうち３人はヨーロッパ在住で、公的医療制度を利用できますが、アメリカに住むひとり（スーザン）には、そうした身近なサービスがありません。賃金所得の低いヨーロッパ在住市民のほうが、より潤っていると言うこともできるのです。

18——脱成長は、貧困国の成長の敵になるのではありませんか。

アフリカのマテリアル・フットプリント削減は、必要でもありませんし、望ましいことでもありません。だからといって、欧米と同じ成長追求型の経済をアフリカに築くべきだという意味にはなりません。それぞれが独自にウェルビーイングへの道を選ぶ自由をもつべきだからです。

コスタリカのような中所得国は、所得も資源消費量も富裕国の数分の1ですが、高い「人間開発指数(HDI)[2]」を達成しています。[*21] 貧しい暮らしをする人々に必要なのは清潔な水と、公的医療サービス、手ごろな家賃で住める住宅、そして食べ物であって、国全般のGDP成長ではありません。GDPを増やしても、それは結局のところ、エリート階層が外国につくった銀行口座に入っていくばかりです。

19——裕福な国は、そのほかの国々を貧困から救うために、成長する必要があるのではないですか。

いいえ。むしろ反対に、裕福な国が成長すればするほど、経済成長のせいで生じる気候変動や環境災害によって、貧しい社会の置かれた状況は悪化するだけです。

これからは、世界全体の炭素予算[3]のうち、大幅な割合を、貧困国の基本的ニーズを満たすことに充当していくべきなのです。[*22] 消費量の多い国と国民が脱成長に転換することによって、消費量の少ない国と国民が使わざるをえない炭素が、許容可能な排出の全体量のなかで収まるようにするのです。

西側世界は、ほかの世界を搾取することによって成長してきました。それなのに今になって、貧しい国の商品を買ってあげるために富裕国は成長する必要があるのだ、などと主張するのはおかしなことです。経済のトリクルダウン効果や開発援助に関する言説でも、西側世界の成長がグローバル・サウスを助けるのだ、という主張をしているようですが、高所得国が本当にすべきことは、生態学的負債を多少なりとも返済し、不均衡な資本移動と資源の流れを逆転させていくことなのです。

[2] 保健、教育、所得という3つの分野について、平均達成度を測るための指標。
[3] 許容可能な炭素排出の上限。

経済成長なき世界の実現・維持について

20――経済を成長させなければ債務不履行が起きるのでは？

その可能性はあります。しかし、銀行そのほかの金融機関が課す現実味のない利率どおりに、経済を強制的に成長させることはできません。何らかの国際的な機関が、債務免除を発動する必要があります。高所得国がもたらした生態学的負債と炭素負債の支払いとして、低所得国の金銭的債務帳消しを行うのです。また、民主的な国際債務監査のプロセスを確立して、返済可能な債務と不当な収奪的債務とを区別します。

長期的には融資制度を変えていかなければなりません。金利を伴う融資は、金利返済のための経済成長を必要とするからです。金利を伴う融資を禁じる、もしくは融資サービスに対して複利ではなく一度だけの手数料支払いを課す形にすれば、経済成長を強制することになりません。

経済に対する資本投入のあり方も、変えるほうがよいでしょう。現在では民間銀行の貸し付けを通じて、つまり債務を伴って市場に貨幣が創出されていますが、公共貨幣（ポジティブマネー）であれば、国家は債務をつくらずにお金を創出し、それをグリーン・ニューディール政策やユニバーサル・ベーシックサービスなど、社会に役立つプロジェクトに使うことができます。[*23]

21──経済が成長しないと失業率が上昇するのでは？

かならずしもそうではありません。経済成長と雇用の関係は政策しだいです。日本やオーストラリアでは経済成長が1パーセント下がっても、失業率の上昇はわずか0・15パーセントですが、スペインでは0・85パーセントになります。[*24]

労働者1人当たりの労働時間を短縮すれば、新規雇用の創出になります（ワークシェアリング）。グリーン・ニューディール政策や、ユニバーサル・ベーシックサービス、介護や保育に対するソーシャルサービスへの公的支出も、同じく雇用創出につながるのです。

化石燃料に背を向けることによって生産性が下降するなら、人間の労働力に対する需要が高まります。オートメーション化によって生産性が上昇しても、労働時間短縮によって失業を回避できます。

22―人口増加の抑制傾向についてはなぜ語らないのですか。

現在の人口問題は、安い労働力と消費者を必要とする成長追求型システムの、単なる結果のひとつです。脱成長論が考えるのは原因であって、症状ではありません。

確かにGDPの高さと出生率の低さには強い相関関係があるのですが、GDPが下降すれば出生率の上昇が再開するというエビデンスはありません。高所得国が享受している教育、医療、ジェンダーの機会平等は、ほかの国々では、それよりもはるかに少ないGDPで達成されつつあります。

女性が教育を受ける権利を確保し、身体についての自己決定権を高めていくこと、そして年金や公共医療制度などの公共政策の導入、文化およびライフスタイルの変革。それらが、人口増加をゆるやかにします。すでに世界の多くの国で起きているとおりです。*25

23―経済を成長させないと、人々のウェルビーイングは損なわれるのではないですか。

それは状況によります。経済がある程度まで成長すると、客観的および主観的なウェルビーイングが向上しなくなることは、これまでの例として事実です。[26]

ウェルビーイング測定指標を集めて集計する「真の進歩指数（GPI）」を見ると、アメリカのような高所得国では1950年代から、そのほかの国では1960年代、1970年代、1980年代あたりから停滞していることがわかります。アメリカ国民のうち、自分が「とても幸せである」と回答したのは、3人に1人だけです。割合は多少変動してはいますが、1973年以降、GDPが上昇しているにもかかわらず大きくは変化していません。

中所得国は、高所得国と平均寿命は同程度ですが、たとえばコスタリカの国民は、アメリカや香港よりも生活満足度が高いことがわかっています。平等性が、GDP以上に社会全体のウェルビーイングに強い影響をもたらすのです。

また、ハーバード大学の成人発達研究で、個人のウェルビーイングの強い予測因子となるのは所得や階級ではなく、人間関係だということがわかりました。景気後退が具体的な緊縮財政につながる場合はウェルビーイングに負の影響をもたらすこともありますが、景気後退でライフスタイルが変化したことによって食事や健康にプラスの効果があったり、人々の結束が深まったりした場合は、かならずしもウェルビーイングは損なわれないのです。

脱成長とは、経済をただ縮小するだけのことではありません。より平等な社会において意義のある生き方をすること、シンプルな楽しみを享受すること、他人と多くを共有しつながりをもつこと、労働時間を少なくすることを目指しています。脱成長には、ウェルビーイングを高める力があるのです。

ここまでの話は納得しました。具体的にわたしに何ができるのでしょう？

この本で紹介している話を、ぜひ誰かに話し、広めてください。脱成長の具体的な取り組みについて議論するサークル、読書会、生涯学習講座、学校や大学の公開講座など、オフラインやオンラインで機会を設けることができるでしょう[*27]。

成長追求型の経済を離れて、生活、生産、消費を協同で行う場に参加する時間や、そうした取り組みに投じる時間を増やしてみましょう。たとえば、消費者協同組合に参加する、非営利団体や公共機関で働く、協同組合やエシカルバンクにお金を預ける、社会的責任活動をしている団体からモノやサービスを買う、地域菜園で野菜や果物を育てるといった取り組みがあります。

民間もしくは公共のシステムが市民のニーズを満たさない、または満たせないときは、力を合わせて助け合い、新しい仕組みを立ち上げて、コモンズと公共セクターをよみがえらせることができます。

また、わたしたちの日々の行動を変えれば、炭素排出やマテリアル・フットプリントの軽減につながります。たとえば、買うモノは少なくして、多くを共有する。可能な限り再使用や再生利用をする。肉の消費量を減らす。飛行機や自動車の利用を減らし、電車など公共交通機関や自転車を多く利用する。再生可能エネルギーのプロバイダー、理想的には協同組合の電力会社から電力供給を受けるなど。

こうした取り組みを進めていこうという志のある人を、選挙で選んでいくというのも、わたしたちにできる活動です。現役の議員などに対し、成長礼賛をやめ、第4章で挙げた5つの改革に取り組むことを要求し、そうしないなら次の選挙で票は入れないという意思表明をしていくこともできます。支持する政治家や政治団体の組織化や広報活動を手伝うこともできるでしょう。

労働組合や学生自治会に参加していないのなら、参加し、ストライキなどによって労働条件の改善や労働時間短縮を求めていくこともできます。気候変動への対策を要求していくこともできます。緊縮財政、住居の立ち退き、大学の学費の値上げ、学生ローン取り立てに対する抗議運動など、直接的な反対運動に参加することもできます し、自治体に対して住民の権利や居住権、あるいは労働者、女性、移民、清掃員の権利を要求して行動を起こすこともできます。

街や職場で起きている闘いは、そもそも経済成長ばかりを追求し、成長のために大きな犠牲を要求している勢力のせいで始まったのだということを理解するのも、大事な行動のひとつです。

もちろん、こうした活動を一気に全部やることなどできません。わたしたちも、さまざまな面で過酷になるばかりの現実のなかで、生活していかなければなりません。それでもわたしたちには、他者とともに人生の楽しみを見出していく権利があります。パーティを開く、音楽をつくる、会話をする、抗議運動をする……どれも、誰かと人生を分かち合う行動です。

自分が誰かを助ける側になることもあると心得てさえいれば、弱点を見せ、誰かの手を借りることも、引け目に思う必要などありません。理想どおりに行動できない場合もありますが、それも受け止めて生きていけばいいのです（ただし、言行不一致が多すぎると「偽善者」になることを忘れないように！）。

思いやりをもって生きていきましょう。他人にも自分にも、同じように。

謝辞

わたしたち4人は、これまで長年にわたり、経済成長がもたらす悪影響や悲惨な未来について論文を書き、より健全な未来に向かおうと訴えてきた。本書は、今とは違う生き方に焦点を当てたわたしたちの初の共著書である。脱成長路線に整然と移行することは政治的にむずかしいかもしれないが、わたしたちはその移行が可能だと信じているし、そのための努力自体に意味があると信じている。

本書の執筆はケアの実践でもあった。家族や友人をはじめ、過去に例のない厳しい状況で必死に人助けをしたり、意義を見出そうとしたりしている身近な市民のため。成長追求がもたらす苦しみとダメージを負いながらも、生きるために闘っている世界中の人々と地域のため。そして研究者として協力し合うわたしたち自身のため……多くの人に向けた励ましや配慮を形にしたいという思いがあったからだ。

ケアの行動にはつきものだが、本書執筆を進めるなかで、階級やジェンダー、学問分野や文化の違いなど、わたしたち自身が置かれた立場の限界や弱さにも直面した。そのたびに力を合わせて、理解を深め、受け入れ合う努力をした。意義があり、やりがいのある作業だからといって、楽な作業とは限らないと痛感させられたが、さまざまな立場にいる読者がこの本を読んで、困難な道を進むための刺激や励ましとして受け止めてくれることを切に願っている。

著者のひとり、ヨルゴス・カリスは、スペインのバルセロナ自治大学（UAB）環境科学技術研究所（ICTA）で生態経済学と政治生態学を教えるICREA教授[1]である。都市の成長と水資源開発のかかわりを研究し、ここ数年は「緑の成長」への批判に力を入れている。最新の研究では、限界という概念について論じている。

スーザン・ポールソンは、アメリカのフロリダ大学を拠点に、身体および環境と相互に作用し合うジェンダーや階級や人種・民族のシステムについて研究と指導を行っている。ラテンアメリカで30年にわたり活動し、そのうち15年間は、南米のさまざまな低所得・低負荷コミュニティで過ごした。現在は、資源採取産業の過酷かつ危険な労働現場における「男性らしさ」の変化について研究している。

ジャコモ・ダリサは、ポルトガルのコインブラ大学社会研究センターを拠点に、コモンズとコモニングについて研究し、成長せずに繁栄する社会はコモンズを基盤にして成立すると主張している。出身地イタリア南部カンパーニャ州の廃棄物に関する紛争や、脱成長に向けた政治戦略を論じるとともに、「非常事態」をめぐる言説に警鐘を鳴らしている。

フェデリコ・デマリアは、バルセロナ自治大学でセラ・ウンテ・フェローシップの講師として生態経済学および政治生態学を教える。世界各地の環境紛争に関する研究とマッピングを行うプロジェクト、エンバイロンメンタル・ジャスティス・アトラス（EJアトラス）に参加している。インドのデリーでごみ拾いの人々とともに生活し働いた経験をもとに、貧困層の環境保護意識から得られる学びとして、経済発展に代わる複数の道を探究している。

共同執筆にあたっては、一人ひとりの理論的見解、研究、批判を寄せ合った。ヨルゴスの主導で意見をまとめ、書籍としての構想を組み立て、論を展開し、各章の草稿を書き上げていった。

しかしながら、読者の皆さんが目にしているのは、スーザンの妥協なき推敲《すいこう》の賜物《たまもの》

［1］ICREAはカタルーニャ先端研究所に所属する終身雇用教授職。

である。彼女の言葉選びとアプローチ、さらには歴史、文化、地理に対する人類学者としての着眼点のおかげで、本書の内容は、経済学や環境問題が議論の大半を占めていたこれまでの脱成長関連の刊行物とは一線を画したものになった。

　コモンズに関する議論は、生活と政治に関するジャコモの研究がベースとなっている。わたしたちの脱成長論は、具体的に表出し実践されていく根幹的な文化変容を通じてじっくりとコモンセンスを構築しようという戦略が縦軸となっているが、これもジャコモの哲学を反映したものだ。

　フェデリコは、さまざまな社会運動が手を組む際の対話に関する経験を盛り込み、本書の主張の裏づけとなるバルセロナの活動についてリサーチを実施した。

　4人がそれぞれに積み重ねてきた思考や行動を整理するのは、たやすいことではなかった。多様な立場や道を尊重し、結びつけながら、批評や批判をどう展開していくか、わたしたちは熱い議論を闘わせた。わたしたちが建設的に意見をぶつけ合ったように、ぜひ読者のみなさんにも、幅広く話し合いや異なる見解のぶつけ合いをしていただけたらと思っている。

　本書で示す考察は、バルセロナ自治大学環境科学技術研究所、リサーチ&デグロース[2]、フロリダ大学ラテンアメリカ研究センター、コインブラ大学社会研究センターのエコロジー&ソサエティ・グループ、政治生態学にかかわる研究者とNGOのネットワーク「エンタイトル」をはじめとするさまざまな組織の研究者と学生、さらには脱成長をテーマとした国際会議やサマースクールの参加者など、科学者や活動家の幅広いネットワークの協力のもとで発展させてきたものだ。

脱成長に対する批判には注意深く耳を傾けてきたし、これからもありがたく受け止めていきたい。この問題を真剣に考え、鋭い質問や批判を寄せ、わたしたちの認識や提言のさらなる精緻《せいち》化や改善を促してくださる方々に、深く感謝する。

編集者のルイーズ・ナイトとイネス・ボスマンにも感謝している。ふたりは本書の構想が立ち上がったときからこのプロジェクトの中心的存在で、数多くの校閲担当者とともに、有意義な知見を与えてくれた。参考文献のまとめや原稿のチェックを担当したウィリアム・ブースとファニタ・ドゥーケにもお礼を述べたい。

さまざまな団体から研究への支援をいただいた。スペイン政府（COSMOS助成金およびマリア・デ・マエストゥ助成金）、欧州研究会議（エンバイロンメンタル・ジャスティスのプロジェ

［2］スペインのバルセロナとフランスを拠点とする、脱成長の研究・啓発を目的とした学術組織。

クト助成金）、ポルトガル科学技術財団に感謝の意を表したい。

本書におけるすべての認識のずれ、誤り、矛盾に関する責任はわたしたちにある。わたしたちの力不足を踏み台に、さらなる研究が進むことを期待している。本書は、社会や生態系の変容のための戦略を探っていくきっかけとなるよう、まずは理解し、参加し、連携していく方法を提示する。ぜひ読者のみなさん自身も参加し、学びを深め、対話に加わってほしい。

日本語版解説　資本主義に亀裂を入れるために

斎藤幸平

本書はギリシャ出身で現在はバルセロナ自治大学で教鞭《きょうべん》を執る経済学者ヨルゴス・カリスが、バルセロナで教える二人の研究者（ジャコモ・ダリサならびにフェデリコ・デマリア）と、フロリダ大学教授のスーザン・ポールソンとともに、共著で刊行した脱成長の入門書『*The Case for Degrowth*（脱成長のために）』（Cambridge: Polity, 2020）の翻訳である。カリスは『エコロジカル・エコノミクス』のような学術誌に実証系の論文を掲載するのみならず、『*Limits: Why Malthus Was Wrong and Why Environmentalists Should Care*（限界：なぜマルサスは間違っていて、環境保護主義者はそのことに目を向けるべきなのか）』（Redwood City: Stanford University Press, 2019）などの思想史関連の著作も精力的に刊行しており、今、世界的に注目を浴びる新世代の脱成長論者の一人である。★1

★1　カリスのこれまでの研究内容がまとまっているものとして、第15回地球研国際シンポジウムの日本語通訳付きの講演がある。https://www.chikyu.ac.jp/publicity/events/symposiums/no15_report.html

また、本書はポリティ社の叢書《そうしょ》シリーズの一冊で、同シリーズでは他にも『*The Case for Universal Basic Income*（ユニバーサル・ベーシックインカムのために）』、『*The Case for a Job Guarantee*（就業保証のために）』、『*The Case for People's Quantitative Easing*（人々に向けた量的緩和のために）』など、ラディカルな提案が入門書形式で読めるようになっている。

なぜ今、これまではあまり顧みられることもなかった「脱成長」や「ベーシックインカム」、「人々のための量的緩和政策」のようなラディカルな提案に、入門書が求められるほど関心が集まっているのか。その理由を端的に言えば、主流派の持ち駒のうちに危機的状況への打開策が見当たらないからである。そして、その結果、ますます事態が深刻化しているせいなのだ。

新自由主義が世界中を席捲《せっけん》するなかで、緊縮財政、規制緩和、民営化、大企業や富裕層の減税がいたるところで推し進められてきた。ところが、さまざまな構造改革にもかかわらず、先進国経済は長期停滞から抜け出せないでいる。異次元の量的緩和やゼロ金利政策も、実体経済を回復させることなく、過剰なマネー供給による株高や不動産投機を生んだだけだった。結局、その恩恵を受けるのは一握りの富裕層ばかり。格差はますます広がり、今や世界の上位わずか二六人が全人口の下位半分と同じだけの資産を有するようになっている。一方で、庶民の暮らしはますます苦しくなっており、「トリクルダウン」は神話だったと言わざるを得ない。

もはや新自由主義の限界や矛盾は明らかなのに、政治家やエリートたちは、暴走する強欲資本主義に対して、有効な解決策を提示することがまったくできていない。彼らも大企業から多額の献金をもらっているし、なにより、この格差を生み出した社会構造から多くの恩恵を受けているからである。口先の綺麗事《きれいごと》ばかりで、問題解決に向けて断固とした態度を取らない「エスタブリッシュメント」の支配に不満を募らせた大衆は、排外主義的な右派ポピュリズムの支持に走り、社会の分断は深まっている。

だが、格差問題はそれだけではない。超富裕層は、プライベートジェットやスポーツカーを乗り回して、大都市のマンションや高級リゾート地を転々とし、ブランド品や高級グルメを消費する。その結果、トップ一％の人々の二酸化炭素排出量は、下位半分の人々の二酸化炭素排出量の二倍以上になっているのだ。だが、気候変動の破壊的影響に晒《さら》されるのは、自分たちではほとんど二酸化炭素を排出していない低所得者層なのである。

気候変動問題に顕著であるが、資本主義のグローバル化によって、人類の経済活動は惑星規模に及ぶようになっている。ノーベル化学賞受賞者のパウル・クルッツェンは「人新世」（Anthropocene）という言葉を用いて、人類の影響力の大きさを強調した。

人類はひとつの地質年代を形成するほどの力を持つようになっているのだ。

産業革命とともに始まった化石燃料の大量消費は、鉄道、自動車、飛行機を生み出し、人とモノの大量移動を可能にし、道路や線路の拡張に伴って、人間の活動範囲はどんどん拡大していった。また、ハーバー・ボッシュ法の発明に始まる化学肥料の大量生産は食糧生産を飛躍的に増大させ、人口爆発を引き起こした。増え続ける人類はこれまで手付かずだった森林を住宅や農地のために切り開き、いたるところで膨大なゴミを生み出してきた。こうした変化は、特に、第二次世界大戦後に急速に進行しており、一般に「大加速時代」（Great Acceleration）と呼ばれる。その帰結が現在の人新世の危機である。

もちろん、これまでも急速な経済活動の拡張によって、格差や公害の問題が数多く生じてきた。それでも、事態は経済成長と技術革新によって改善され、すべてはうまくいっているように見えた。実際、日本に暮らす私たちは経済成長の恩恵を間違いなく受けてきたし、経済成長こそが社会の繁栄にとって不可欠であるという考えは、私たちの「コモンセンス」（常識・共通感覚）になっている。

だが、近年人類の経済活動が「地球の限界」（Planetary Boundary）を突破してしまったという警鐘が鳴らされるようになっている。事実、もはや経済成長の恩恵よりも、犠牲のほうが大きくなっていると感じることも多々あるのではないだろうか。原発事故、気候危機、そしてコロナのパンデミックなど、行き過ぎた経済発展の弊害とでも呼ぶべき事態は立て続けに生じている。いや、それだけではない。今や生物多様性の損失、砂漠化、海洋プラスチックゴミ問題、窒素循環の攪乱《かくらん》など、解決の見込みもないような数多くの問題が、この惑星の未来を脅かすようになっているのである。

「人新世へようこそ!」。もはや、私たちは手つかずの自然が残っていた時代へと逆戻りすることはできない。だが、今まで通りのやり方で突き進むのは、あまりにも愚かである。人新世の危機に対処するためには、旧来のようなやり方では明らかに不十分だ。だからこそ、システム・チェンジの要求が若い世代を中心に出てきている。そして、その大転換が目指すべき未来のビジョンの一つとして、「脱成長」が再注目を集めるようになっているのである。

非常ブレーキの必要性

脱成長という発想は別に新しいものではまったくない。ローマクラブの報告書『成長の限界』（一九七二年）に端を発し、エルンスト・フリードリッヒ・シューマッハー『スモール イズ ビューティフル』（一九七三年）、イヴァン・イリイチ『コンヴィヴィアリティのための道具』（一九七三年）などが日本でも盛んに議論されてきた。

だが、八〇年代以降、新自由主義の市場原理主義が「常識」となることで、脱成長という価値観は忘れ去られていった。さらに、決定的だったのが、ソ連崩壊である。その結果、私たちは、資本主義以外の社会を思い描く想像力を失ってしまったのである。脱成長、コミュニズム、アナーキズムといった左派の潮流は大きく衰退したのだ。けれども、今、資本主義の暴走が人類の未来を脅かすようになるなかで、ポスト資本主義をめぐる議論は再活性化している。まさにコロナ禍は「グレート・リセット」に向けた革命的転換点である。新自由主義の「常識」がもはや通用しなくなっており、新しいビジョンが人々に求められるようになっているからだ。

ではどのような未来を構想すべきか。革命的転換を想像するために、私たちは過去の思索を参照しなくてはならない。かつて、フランクフルト学派の代表的思想家であるヴァルター・ベンヤミンは、『歴史の概念について』の「補遺」のなかで、「革命」について、次のように述べている。

革命は世界史の機関車である、とマルクスは言う。だがおそらく、実際はそうではない。革命とは、おそらく、この列車に乗って旅をしている人類が引く非常ブレーキなのだ。★2

もちろん、資本主義のもとでは、そのような非常停止ボタンはどこにも存在しないと言われてきた。「経済を回さなければならない」、これこそが資本主義社会の至上命令であった。だからこそ、人々は経済を回すための歯車として、必死に働き続けてきた。そして、各国の経済活動は膨張を続けた。ところが、まさにその結果として、自然は破壊し尽くされ、最終的には、未知のウイルスが社会に入り込み、世界は大混乱に陥った。不幸にも、人々の命や生活を守るためには、社会的インフラはあまりにも脆弱《ぜいじゃく》になっていた。新自由主義改革によって、保健医療体制は縮小され、保健所は減り、公立病院なども削減、民営化されてきたからである。目先の経済成長を優先するシステムが、危機の瞬間には人々の生活を脅かすことが、はっきりしたのである。

だが、そんな悲惨な状況のなか、少なくとも一つ、明らかになったことがある。「非常ブレーキ」は存在したのだ！　国家は真の危機的状況に直面したと判断すれば、国民の健康を守るために、経済活動を意識的に止めることができたのである。パンデミック下のロックダウンは、国民の生活のために経済を犠牲にするという、資本主義

★2　ヴァルター・ベンヤミン『ベンヤミン・コレクション7』（浅井健二郎編訳、ちくま学芸文庫、二〇一四年）、五八一頁。

の歴史上でも極めて例外的な事態と言ってよい。

さらに、国家は、人工呼吸器や防護服を作るよう企業に命令することまでできた。また、国民の生活保障のために、現金給付や所得補償など、多額の財政出動を行うこともできた。これまで、国は市場に介入することはできないし、財政にまったく余裕はないという議論が幾度となく繰り返されてきたわけだが、国は経済のあり方を短期間で変えることができたのである。

このことは気候危機にとっても、大きな示唆を与えてくれる。今後、気候変動はますます進行していく。その被害は、今回のパンデミック以上のものになる。そうだとすれば、その被害を最小限にするために、革命の「非常ブレーキ」をもう一度発動させるべきではないか。この惑星に与える人類の否定的影響を最小限にするために、「意図して計画的にスローな社会をつくっていく」（一〇頁）べきなのだ。それは可能であり、必要であることを、今回のパンデミックははっきりと示したのである。

だが、脱成長を推進しようとする人々は依然として、少数派である。自分たちの享受してきた豊かさが否定されているように感じて、多くの人は、防御反応を示してしまう。人新世を前にしての、主流派の解決策は、相変わらず、さらなる経済成長なのであり、そのためのより一層の技術革新なのだ。

このことは、ダボス会議の「グレート・リセット」という提言からもわかる。ダボス会議では、パンデミックを前にして、これまでの新自由主義的資本主義からの大転換が唱えられるようになっている。だが、それにもかかわらず、彼らはこう忠告するのをけっして忘れてはいない。

脱成長をむやみに追い求めないよう、注視しなければならない。……より少ない労力でより多くのことをできるようにする技術はすでに存在している。もし私たちが、環境や社会に優しいフロンティア市場の成長を測る方法を明確に定め、その成長を加速させる投資を奨励する、より包括的で長期的な取り組みに挑むようになれば、経済的、社会的、環境的要因の間に根本的なトレードオフはないのである。★3

経済か、環境か、というジレンマは資本主義システムにとっては存在しないというわけだ。

★3　クラウス・シュワブ＆ティエリ・マルレ『グレート・リセット』（藤田正美・チャールズ清水・安納令奈訳、日経ナショナルジオグラフィック社、二〇二〇年）、六八-九頁。

かつて、経済学者サイモン・クズネッツは、所得分配について逆U字型の経験則を打ち出した。つまり、経済発展の初期段階では、所得格差は拡大するが、その後、縮小に転じるというのである。それに類した形で、経済的な規模の拡張に伴い、最初は、環境負荷が増大するが、その後減少に転じ、逆U字型を描くというのが、いわゆる「環境クズネッツ曲線」である。これが正しければ、脱成長という選択肢はあまりにも愚かだろう。

だが、その根拠ははっきりとしない。GDPが増大する一方で、環境負荷が減るという「絶対的デカップリング」が安定的に起きていることを示すデータはない（三〇頁）。太陽光パネルのようなよいモノも悪いモノを生んでしまう（二四頁）。また、いくら技術革新が起きたとしても、それによる効率化が価格を下げ、ますます多くの消費を喚起してしまう（一五八頁）。循環型経済も、現在のような過剰生産のもとでは、うまくいかない（一六三頁）。要するに、どこかで、経済そのものを減速させ、縮小していかなければ、持続可能な経済には移行できないのである。

にもかかわらず、「緑の経済成長」への信仰は、依然として根強い。その典型例が、「グリーン・ニューディール」だろう。グリーン・ニューディールは、積極的な財政出動と公共投資によって、より安定した、高賃金の仕事を作り出しながら、持続可能な経済への転換を目指す政策のことだ。

グリーン・ニューディールには、気候変動問題を解消するだけでなく、現在の分断された格差社会において、新たな合意形成を可能にすることが期待されている。だが、「緑の雇用」が労働者にもたらす高い賃金が、極めて消費主義的で、環境負荷の大きい活動に使われてしまったら、まったく意味がない。結局、高所得国における中産階級、労働者階級にこれまで以上に豊かな生活を保障することで社会的合意を獲得しようとするなら、そのコストは外部化され、低所得国へと押し付けられることになるのである。

ただし、ここでの問題は、中国、ブラジル、インドなどが急速な経済成長を遂げる今、もはやコストを押し付けるような場所がほとんど残っていないという事実だ。人新世とは、外部化の余地が消尽《しょうじん》した時代にほかならない。そんななか、気候変動対策を通じて経済成長しようと試み、各国が資源をめぐって争うことになれば、競争はかつてないほどに苛烈《かれつ》なものになり、一部の地域や人々はますます抑圧され、収奪されることになる。人類全体の危機を前にして各国が協調することができないなら、人新世の危機は解決されない。

もちろん、再生可能エネルギーへの転換を含めた抜本的な社会変革は必要不可欠である。ただし、それは「成長なきグリーン・ニューディール」（一〇一頁）でなければならないとカリスらは述べるのだ。

人新世概念への批判

グリーン・ニューディールだけでなく、国連のSDGs（持続可能な開発目標）も相変わらず同じ経済成長パラダイムで危機を解決しようとするという矛盾を抱えている。「持続可能な開発」とは、持続可能な経済成長を指すのである。だから、脱成長派は、「持続可能な開発」という考えを「形容矛盾」だとして厳しく批判してきた。例えば、脱成長の第一人者であるフランスの思想家セルジュ・ラトゥーシュは次のように述べる。

形容詞の付かない単なる開発や従来型の経済成長とは違うように見えても、持続可能な開発は堅固な経済成長を前提としている。たとえその経済成長がグリーン（緑）の経済成長やエコロジカルな経済成長であると主張しなければならないとしても、だ。地球の保全にコミットしている多くの人々は、生態学的危機を否定する者たちに警告を促す行動を、個人レベルや集団レベルで起こそうとしているが、その誠実さゆえに、持続可能な開発の罠に嵌まっている。彼らはスローガンに囚われてしまい、持続可能な開発の目的から逸れた行動を非難し、結果的に「エコ

ロジカルな偽善者」を利する行為を行っている。[★4]

日本では、SDGsが自明に良いものかのように扱われているため、こうした批判はなかなか理解されにくいかもしれない。この点については、ラトゥーシュやカリスといった脱成長論者が、ラテンアメリカにおける帝国主義の歴史とその暴力性に着目してきたことを考慮すべきだろう。つまり、ラテンアメリカにおいて、西洋文明の植民地主義がどれほど問題を引き起こしてきたかという歴史を踏まえて、「開発」という西洋的概念そのものを問題視するのである。私たちの価値観を「脱植民地化」しなくてはならない、とラトューシュたちは言うのだ。

脱成長派の批判は「人新世」という概念に対しても向けられる。人新世の語りでは、あたかも「人類」が地球に悪影響を与えているかのようである。だが、それはまったくもって真実ではないというのだ。道路や鉄道、ダムを建設し、広大な農地を切り開き、自動車や飛行機を製造するための資源を世界中で掘りつくしてきたのは誰か。もちろん、無限の経済成長を目指す資本主義のもとで暮らす富裕層である。このことを

★4　セルジュ・ラトゥーシュ『脱成長』（中野佳裕訳、文庫クセジュ、二〇二〇年）、三八‐九頁。

強調するために、「資本新世」（Capitalocene）という言葉を使う論者もいるほどだ。

つまり、地球環境への過大な負荷は、その大半が地球上の一部の人々の経済活動によるものである。にもかかわらず、西欧の経済発展モデルが大枠として自明のものとして想定され、今後も経済成長と技術発展こそが人新世の危機に対する唯一の解決策になると言われるのである。これは明らかに欺瞞《ぎまん》的だろう。なぜなら、危機を作り出してきた張本人たちが危機に対する解決策を提唱し、自画自賛しているのに等しいからだ。抑圧者が、自分たちの支配を正当化し続けるという構図がここにはある。

エコロジカルな近代化という資本主義の物語において、周辺化され、抑圧されているのが、女性、非西洋人、先住民、そして人間以外の生き物である。彼らは長年にわたり、様々な再生産労働を担ってきた。それも持続可能な形で。世界中の大半の人々は、生活や生態系を守りながら、伝統的な農業などによって、この世界を再生産してきたのである。ところが、資本主義のもとでは、再生産労働は非生産的だとみなされ、白人男性による工場での労働よりも劣ったものとして扱われてきた。「人間／自然」「文明／野蛮」「男／女」など、いくつもの「二元論」が生み出され、支配・従属関係が正当化されてきたのである（一四二頁）。

そのような二元論を利用して、より廉価に、より大量に生産することを目指す資本主義は、再生産労働を外部化し、経済成長を実現してきた。資本蓄積にとって好都合な限りで、ケア労働や環境を維持する文化や知識は搾取され、収奪される。市場は等価交換の世界であるとされるが、こうした再生産の次元まで含めて考えれば、実際には、「不等価交換」（六七頁）に依拠したシステムなのである。

その結果は悲惨なものであった。アグリビジネスや資源採掘によって、地域の生活基盤である共同体は破壊され、経済成長の論理は世界中を覆い尽くしていった。土着の多様性は失われ、階級とジェンダーと人種に依拠した差別がまかり通るモノカルチャーの世界が「人新世」を特徴づけるようになったのだ。

こうした現実を前にして、本書が強調するのは、不等価交換を本質とする資本主義システムのもとで、いくら階級・ジェンダー・人種の形式的平等を求めたとしても、それは不十分なものにとどまるということである。そのような不平等が、既存の社会文化システムにとって本質的であるということを認識し、システムそのものを大きく変えていくことを目指さなくてはならないというのである（四四頁）。つまり、この地球全体を一部の人間たちが私的に独占し、自分たちのために用いることを正当化する貨幣経済の領域を縮小し、人々が様々な財やサービスを「コモンズ」として、共同で管理し、シェアする社会に転換しなくてはならない。「コモンズの復権」（一〇九頁）こそが、脱成長に向けた鍵となるとカリスらは訴える。

もう一つ、脱成長派が掲げるのは、「ケアの倫理」の重視である。本書では、「ユニバーサル・ケア・インカム」という政策が挙げられていることに注目しよう（二〇七頁）。ケアという社会にとって不可欠でありながらも、非生産的労働として搾取されてきた再生産労働に対してしっかりと支払いをすることで、社会の連帯を育んでいこうというのである。

ケア労働や再生産労働に焦点を当てることで、世界の見え方は一変する。しばしば世界銀行とＷＴＯ（世界貿易機関）は途上国に対して構造調整プログラムを通じて、莫大な負債を押し付けてきた。それを利用して、ますます多くの貨幣と資源が低所得国から高所得国へと流れ込むようにしたのである。だが、再生産労働という観点からすれば、「負債」を負っているのは、先進国で暮らす私たちの方である。豊かな生態系を維持し、労働力や資源を再生産してきた低所得国のケア労働に対して、高所得国は大きな負債を負っているのである。公正な社会を作るためには、そのような負債を返済することが不可欠であり、それを具現化したものが「ケア・インカム」である。それは「緑の経済成長」のために、グローバルサウスのコミュニティや自然環境を破壊し、掠奪《りゃくだつ》することとは正反対の道なのである。

いずれにせよ、持続可能な未来を構想するためには、資本主義、そしてそれに付随する一連の概念との対峙《たいじ》が不可避なのがわかるだろう。脱成長とは、これまで私たちの思考を規定してきた人間中心主義、西欧中心主義、男性中心主義、植民地主義の発想を徹底して批判し、これまでのような生産力（productive forces）だけを重視する社会から、再生産力（forces of reproduction）に重きを置いた社会への大転換を求めるものなのだ。

バルセロナという希望

では、そのような転換の萌芽《ほうが》はどこにあるのか。カリスらはどこにでもある、と言うだろう。これほど資本主義が浸透してしまった先進国においてさえも、すべての活動が経済成長に呑み込まれてしまっているわけではない。子育てやボランティアなどはもちろん、保育、介護、教育などは、すでに定常型の経済活動を実現していると言ってもいい。

けれども、世界では、もっと社会全体を変えていこうという大きな動きもある。その代表例が著者のうち三人が暮らすバルセロナである。スペインは「社会連帯経済」の盛んな国として知られているが、バルセロナは「フィアレス・シティ（恐れぬ都市）」と呼ばれており、脱成長に向けた大胆な「コモニング」の試みとして、フェアコインや協同組合を実践している例が挙げられている（八七頁）。
だが、もう一つ重要な動きがある。バルセロナは、二〇二〇年一月にかなり野心的な気候非常事態宣言を発表して世界を驚かせたのだ。宣言のなかで次のように述べられている。

既存の経済モデルは、恒常的な成長と利潤獲得のための終わりなき競争に基づくもので、自然資源の消費は増え続けていく。こうして、地球の生態学的バランスを危機に陥れているこの経済システムは、同時に、経済格差も著しく拡大させている。豊かな国の、とりわけ最富裕層による過剰な消費に、グローバルな環境危機、特に気候危機のほとんどの原因があるのは、間違いない。★5

これは実質的には脱成長宣言である。市民プラットフォームであり政党でもある「バルサローナ・アン・クムー」は、バルセロナという街を大きく変えようとしているのだ。元々家賃高騰に伴う住民追い出しに反対する社会活動家だった市長のアダ・クラウは、民泊に規制をかけ、公営住宅を増やし、高騰する電気代対策として地域電力も設立している。さらに、パンデミックによるロックダウンのなかで、自転車レーンを街中に拡大し、「スーパーブロック」と呼ばれる自動車走行を制限するエリアを街中に拡張することを宣言した（一一一頁）。自動車が入れないエリアが増えることで、自動車移動の利便性が大きく下がり、その分だけ道路が歩行者たちのコモンズとして取り戻され、大気汚染も改善していくだろう。しかも、こうした試みは、追加の費用がほとんどかからないため、経済成長に依存することなしに、住民のウェルビーイングをすぐにでも改善することができる。スマート・シティばかりが注目される日本の自治体と比べてみてほしい。本来、こうした対策は、日本でも十分可能なはずだ。市民がコモンズの復権を求めて立ち上がるかどうかに、すべてはかかっているのである。

資本主義というシステムは、資源が足りず、飢餓や貧困が蔓延している過去の社会においては、競争と生産力の増大によって人々に豊かさをもたらしてきた。だが、人新世のように地球上からフロンティアが消滅し、その矛盾が世界規模の問題として現れてきた時代には不適合なシステムである。なぜなら今求められているのは、世界全体でウイルスの拡散防止や二酸化炭素の排出削減などに一致団結して取り組むことだ

★5　バルセロナにおける「コモンズ復権」の試みについては、拙著『人新世の「資本論」』（集英社新書、二〇二〇年）、第八章を参照のこと。

からである。競争とたえざる成長を目指すシステムは、限られた資源を分かち合いながら、搾取や収奪なしに、みなで幸福かつ持続可能な世界を目指すことには適していない。資本主義は、拡張することは得意でも、スケールダウン、スローダウンはできないからである。

もちろん、新しい世界を思い浮かべることは、容易ではない。だが、危機の瞬間には、新自由主義の「コモンセンス」が揺らいでいるのは間違いない。だからこそ、新しい「コモンセンス」を作り出すチャンスなのであり、その新機軸となるのが「多くを分かち合い」、「足るを知る」脱成長なのではないだろうか。

成長が当たり前の世界で生きてきたせいで、脱成長の一歩を踏み出すことに、誰もが不安を感じるに違いない。けれども、このままの道を歩み続けても、未来はないことはもはやはっきりしている。本書が述べるように、変化に向けて「必要なのは、ともに生き、ともに体現していくことなのだ」（八〇頁）。助け合う実践を、今ここから始めることで、個人が変わり、そのうねりが大きくなれば社会は必ず変わる。今周辺化されているコモニングの実践から学び、社会を新たに作り出していくことで、資本主義に亀裂を入れることができるはずだ。

原注

第 1 章
「脱成長」とは何か

1 D.H. Meadows, D.L. Meadows, J. Randers, and W. Behrens III, *The Limits to Growth*, New York: Universe Books, 1972. D・H・メドウズ、D・L・メドウズ、J・ランダース、W・W・ベアランズ三世『成長の限界　ローマ・クラブ「人類の危機」レポート』(大来佐武郎監訳、ダイヤモンド社、1972年); E.J. Mishan, *The Costs of Economic Growth*, London: Staples Press, 1967. E・J・ミシャン『経済成長の代価』(都留重人監訳、岩波書店、1971年)

2 "Global Inequality," at https://inequality.org/facts/global-inequality.

3 United States Census Bureau, American Community Survey (ACS), 2018 Data Release New and Notable (2019), at https://www.census.gov/programs-surveys/acs/news/data-releases/2018/release.html.

4 Y. Varoufakis, Twitter post, 2018, at https://twitter.com/yanisvaroufakis/status/1042351984559513600.

5 W. Steffen et al., "Planetary Boundaries: Guiding Human Development on a Changing Planet," *Science* 347(6223), 2015: 1259855-1–10.

6 次の資料を参照。W.J. Ripple, C. Wolf, T.M. Newsome, M. Galetti, M. Alamgir, E. Crist, M.I. Mahmoud, W.F. Laurance, and 15,364 scientist signatories from 184 countries, "World Scientists' Warning to Humanity: A Second Notice," *BioScience* 67(12), 2017: 1026–8.

7 E. Hirsch, "The Unit of Resilience: Unbeckoned Degrowth and the Politics of (Post)development in Peru and the Maldives," *Journal of Political Ecology* 24, 2017: 462–75.

8 L. Berg, "Clean Water and the Environmental Justice Movement," Shared Justice (2019), at https://www.sharedjustice.org/most-recent/2019/6/12/clean-water-and-the-environmental-justice-movement.

9 ESRI ArcGIS Storymaps, Louisiana Cancer Alley, ArcGIS, at http://www.arcgis.com/apps/MapJournal/index.html?appid=ffeea5ac225040a380aa11b25e786a68.

10 R. Wilkinson and K. Pickett, *The Spirit Level: Why More Equal Societies Almost Always Do Better*, New York: Bloomsbury, 2011. リチャード・ウィルキンソン、ケイト・ピケット『平等社会　経済成長に代わる、次の目標』(酒井泰介訳、東洋経済新報社、2010年)

11 European Environment Bureau, *Decoupling Debunked – Evidence and Arguments Against Green Growth as a Sole Strategy for Sustainability*, Brussels: EEB, 2019.

12 S. Singh and W. Haas, "Aid, Metabolism, and Social Conflicts in the Nicobar Islands," in *Ecological Economics from the Ground Up*, New York: Routledge/Earthscan, 2012; J. Suzman, *Affluence without Abundance: The Disappearing World of the Bushmen*, New York: Bloomsbury, 2017. ジェイムス・スーズマン『「本当の豊かさ」はブッシュマンが知っている』(佐々木知子訳、ＮＨＫ出版、2019年)

13 UN Environment International Resource Panel, Global Material Flows Database, UN Environment, at http://www.resourcepanel.org/global-material-flows-database.

14 Pope Francis, *Laudato si' of the Holy Father Francis on Care for our Common Home*, Vatican: Libreria Editrice Vaticana, 2015.

15 次の資料を参照。M. Weiss and C. Cattaneo, "Degrowth: Taking Stock and Reviewing an Emerging

Academic Paradigm," *Ecological Economics* 137, 2017: 220–30.

16 A. Kothari, A. Salleh, A. Escobar, F. Demaria, and A. Acosta, *Pluriverse: A Post-Development Dictionary*, New York: Columbia University Press, 2019; A. Kothari, F. Demaria, and A. Acosta, "Buen Vivir, Degrowth, and Ecological Swaraj: Alternatives to Sustainable Development and the Green Economy," *Development* 57(3–4), 2014: 362–75.

17 C. Dengler and L. Seebacher, "What About the Global South? Towards a Feminist Decolonial Degrowth Approach," *Ecological Economics* 157, 2019: 246–52; S. Paulson, "Pluriversal Learning: Pathways Toward a World of Many Worlds," *Nordia Geographical Publications* 47(5), 2019: 85–109; B. Rodríguez-Labajosa, I. Yánez, P. Bond, L. Greyle, S. Munguti, G. Uyi Ojo, and W. Overbeek, "Not So Natural an Alliance? Degrowth and Environmental Justice Movements in the Global South," *Ecological Economics* 157, 2019: 175–84.

18 J.F. Gerber and R. Rajeswari, "Post-Growth in the Global South? Some Reflections from India and Bhutan," *Ecological Economics* 150, 2018: 353–8; R. Verma, "Gross National Happiness: Meaning, Measure and Degrowth in a Living Development Alternative," *Journal of Political Ecology* 24(1), 2017: 476–90.

19 A. Cox Hall, "Neo-Monastics in North Carolina, De-Growth and a Theology of Enough," *Journal of Political Ecology* 24(1), 2017: 543–65.

20 A. Beling and J. Vanhulst, *Desarrollo non sancto: La religion como actor emergente en el debate global sobre el futuro del planeta*, Mexico City: Siglo XXI Editores México, 2019.

21 K. Polanyi, *The Great Transformation*, New York: Farrar & Rinehart, 1944. カール・ポラニー『[新訳]大転換　市場社会の形成と崩壊』(野口建彦・栖原学訳、東洋経済新報社、2009年)

22 United Nations Population Division, Household Size & Composition, 2018: United States of America (2019), at https://population.un.org/Household/index.html#/countries/840.

第 2 章
成長で犠牲になるもの

1 W. Steffen et al., "Planetary Boundaries: Guiding Human Development on a Changing Planet," *Science* 347(6223), 2015: 1259855-1–10.

2 D. Harvey, *Marx, Capital and the Madness of Economic Reason*, New York: Oxford University Press, 2018. デヴィッド・ハーヴェイ『経済的理性の狂気　グローバル経済の行方を〈資本論〉で読み解く』(大屋定晴監訳、作品社、2019年)

3 R. Seaford, *Money and the Early Greek Mind: Homer, Philosophy, Tragedy*, Cambridge: Cambridge University Press, 2004.

4 M. Schmelzer, *The Hegemony of Growth: The OECD and the Making of the Economic Growth Paradigm*, Cambridge: Cambridge University Press, 2016, p. 164.

5 D. Harvey, *A Brief History of Neoliberalism*, New York: Oxford University Press, 2007. デヴィッド・ハーヴェイ『新自由主義　その歴史的展開と現在』(渡辺治監訳、森田成也・木下ちがや・大屋定晴・中村好孝訳、作品社、2007年)

6 D. DeSilver, "For Most US Workers, Real Wages Have Barely Budged in Decades," Pew Research Center, August 7, 2018, at https://www.pewresearch.org/fact-tank/2018/08/07/for-most-us-

workers-real-wages-have-barely-budged-for-decades.

7 J. Schor, *The Overworked American: The Unexpected Decline of Leisure*, New York: Basic Books, 1992. ジュリエット・B・ショアー『働きすぎのアメリカ人　予期せぬ余暇の減少』（森岡孝二・青木圭介・成瀬龍夫・川人博訳、窓社、1993年）

8 L. Berger, J.M. Collins, and L. Cuesta, "Household Debt and Adult Depressive Symptoms in the United States," *Journal of Family and Economic Issues* 37(1), 2015: 42–57.

9 G. Gheorghe, "World Debt Hits Record High of USD 247 Trillion in Q1," *Business Review*, July 11, 2018, at http://business-review.eu/money/world-debt-hitsrecord-high-of-usd-247-trillion-in-q1-176496.

10 L. Elliot, "Debt Crisis Warning as Poorest Countries' Repayment Bills Soar," *Guardian*, April 3, 2019, at https://www.theguardian.com/business/2019/apr/03/debt-crisis-warning-as-poorest-countries-repayment-bills-soar.

11 K. Aiginger, "Why Growth Performance Differed Across Countries in the Recent Crisis: The Impact of Pre-Crisis Conditions," *Review of Economics & Finance* 1 (2011): 35–52.

12 P. Wargan, "A Green New Deal for Europe," *Tribune*, May 14, 2019, at https://tribunemag.co.uk/2019/05/a-green-new-deal-for-europe.

13 S. Sassen, "Who Owns Our Cities– and Why This Urban Takeover Should Concern Us All," *Guardian*, November 24, 2015, at https://www.theguardian.com/cities/2015/nov/24/who-owns-our-cities-and-why-this-urban-takeover-should-concern-us-all.

14 P. Crerar and J. Prynn, "Revealed: How Foreign Buyers Have Bought 100 bn of London Property in Six Years," *Evening Standard*, October 21, 2015, at https://www.standard.co.uk/news/london/revealedhow-foreign-buyers-have-bought-100bn-of-london-property-in-six-years-a3095936.html.

15 B. Gilbert, "People are Pooping More Than Ever on the Streets of San Francisco," *Business Insider*, April 18, 2019, at https://www.businessinsider.com/san-francisco-human-poop-problem-2019-4.

16 United Nations Human Rights: Office of the High Commissioner, Statement on Visit to the United Kingdom, by Professor Philip Alston, United Nations Rapporteur on extreme poverty and human rights (2018), at https://www.ohchr.org/EN/NewsEvents/Pages/DisplayNews.aspx?NewsID=23881&LangID=E.

17 M. Karanikolos, P. Mladovsky, J. Cylus, S. Thomson, S. Basu, D. Stuckler, J. Mackenbach, and M. McKee, "Financial Crisis, Austerity, and Health in Europe," *The Lancet* 381(9874), 2013: 1323–31.

18 M. Lang, "A Historical Victory in Ecuador," *Radical Ecological Democracy*, October 19, 2019, at https://www.radicalecologicaldemocracy.org/historical-victory-in-ecuador.

19 "France's Bird Population Collapses Due to Pesticides," Desdemona Despair, March 22, 2018, at https://desdemonadespair.net/2018/03/frances-bird-population-collapses-due.html.

20 J. Ellis, "The Honey Bee Crisis," *Outlooks on Pest Management* 23(1), 2012: 35–40.

21 United Nations Report, "Nature's Dangerous Decline 'Unprecedented'; Species Extinction Rates 'Accelerating'," (2019), at https://www.un.org/sustainabledevelopment/blog/2019/05/nature-decline-unprecedented-report.

22 J. Vidal, "'Tip of the Iceberg': Is Our Destruction of Nature Responsible for Covid-19?" *Guardian*, March 18, 2020, at https://www.theguardian.com/environment/2020/mar/18/tip-of-the-iceberg-is-our-destruction-of-nature-responsible-for-covid-19-aoe; R. Wallace, *Big Farms Make Big Flu:*

Dispatches on Influenza, Agribusiness, and the Nature of Science, New York: NYU Press, 2016.
23 F. Mathuros, "More Plastic than Fish in the Ocean by 2050: Report Offers Blueprint for Change," World Economic Forum, January 19, 2016, at https://www.weforum.org/press/2016/01/more-plastic-than-fish-in-the-ocean-by-2050-report-offers-blueprint-for-change.
24 Y. Robiou du Pont and M. Meinshausen, "Warming Assessment of the Bottom-up Paris Agreement Emissions Pledges," *Nature Communications* 9, 2018.
25 P.J. Burke, M. Shahiduzzaman, and D.I. Stern, "Carbon Dioxide Emissions in the Short Run: The Rate and Sources of Economic Growth Matter," *Global Environmental Change* 33, 2015: 109–21.
26 S. Beckert, *Empire of Cotton: A Global History*, New York: Vintage, 2015.
27 S. Federici, *Caliban and the Witch: Women, the Body and Primitive Accumulation*, Chico, CA: AK Press, 2004. シルビア・フェデリーチ『キャリバンと魔女　資本主義に抗する女性の身体』（小田原琳・後藤あゆみ訳、以文社、2017年）
28 S. Paulson, *Masculinities and Femininities in Latin America's Uneven Development*, New York: Routledge, 2015.
29 次の資料を参照。A. Escobar, *Encountering Development*, Princeton: Princeton University Press, 2011, p. 3.

第 3 章
草の根から変革を起こす

1 D. Bollier, "Commoning as a Transformative Social Paradigm," (2016), at http://www.bollier.org/blog/commoning-transformative-social-paradigm.
2 L. Gezon and S. Paulson (eds.), "Degrowth, Culture and Power," Special Section of 15 articles, *Journal of Political Ecology* 24, 2017.
3 Environmental Justice Atlas, at https://ejatlas.org.
4 J. Otto, "Finding Common Ground: Exploring Synergies between Degrowth and Environmental Justice in Chiapas, Mexico," *Journal of Political Ecology* 24(1), 2017: 491–503.
5 P. Goodman, "The City That Cycles With the Young, the Old, the Busy and the Dead," *New York Times*, November 9, 2019, at https://www.nytimes.com/2019/11/09/world/europe/biking-copenhagen.html.
6 A. Varvarousis, "Crisis, Liminality and the Decolonization of the Social Imaginary," *Environment and Planning E: Nature and Space* 2(3), 2019: 493–512.
7 G. Monbiot, "The Horror Films Got It Wrong: This Virus Has Turned Us into Caring Neighbours," *Guardian*, March 31, 2020, at https://www.theguardian.com/commentisfree/2020/mar/31/virus-neighbours-covid-19.
8 G.A. García López, "Performing Counter-Hegemonic Common(s) Senses: Rearticulating Democracy, Community and Forests in Puerto Rico," *Capitalism Nature Socialism* 28(3), 2017: 88–107.
9 J.K. Gibson-Graham, "Diverse Economies: Performative Practices for 'Other Worlds'," *Progress in Human Geography* 32(5), 2008: 613–32.
10 L. Benería, G. Berik, and M. Floro, *Gender, Development and Globalization: Economics as if All People Mattered*, Abingdon: Routledge, 2015.

11 J. Conill, M. Castells, A. Cardenas, and L. Servon, "Beyond the Crisis: The Emergence of Alternative Economic Practices," in *Aftermath: The Cultures of the Economic Crisis*, Oxford: Oxford University Press, 2012, pp. 210–50.

12 G. Dafermos, "The Catalan Integral Cooperative, P2P Foundation," at https://welcome-cdn1.p2pfoundation.net/wp-content/uploads/2017/10/The-Catalan-Integral-Cooperative.pdf.

13 Xarxa d'economia solidária de Catalunya, Informe del mercat social (2018), at http://mercatsocial.xes.cat/wp-content/uploads/sites/2/2016/04/informe-mercatsocial-2018_final.pdf.

14 A. Leach, "Happy Together: Lonely Baby Boomers Turn to Co-housing," *Guardian*, August 15, 2018, at https://www.theguardian.com/world/2018/aug/15/happy-together-lonely-baby-boomers-turn-to-co-housing.

15 M. Altieri and V. Toledo, "The Agroecological Revolution in Latin America: Rescuing Nature, Ensuring Food Sovereignty and Empowering Peasants," *Journal of Peasant Studies* 38(3), 2011: 587–612.

16 E. McGuirk, "Timebanking in New Zealand as a Prefigurative Strategy Within a Wider Degrowth Movement," *Journal of Political Ecology* 24(1), 2017: 595–609.

17 V. Kostakis and A. Roos, "New Technologies Won't Reduce Scarcity, But Here's Something That Might," *Harvard Business Review*, June 1, 2018, at https://hbr.org/2018/06/new-technologies-wont-reduce-scarcity-but-heres-something-that-might.

第 4 章
道を切り拓く5つの改革

1 House Resolution, 116th Congress, 1st Session, at https://www.congress.gov/bill/116th-congress/house-resolution/109/text.

2 D. Adler and P. Wargan, "10 Pillars of the Green New Deal for Europe," (2019), https://www.gndforeurope.com/10-pillars-of-the-green-new-deal-for-europe.

3 A. Pettifor, *The Case for the Green New Deal*, New York: Verso Books, 2019.

4 UCL Institute for Global Prosperity, "IGP's Social Prosperity Network Publishes the UK's First Report on Universal Basic Services," (2017), at https://www.ucl.ac.uk/bartlett/igp/news/2017/oct/igps-social-prosperity-network-publishes-uks-first-report-universal-basic-services.

5 J. Arcarons, D. Raventós, and L. Torrens, "Una Propuesta de Financiación de una Renta Básica Universal en Plena Crisis Económica," *Sin Permiso* III, Monográfico Renta Básica, 2013.

6 L. Haagh, *The Case for Universal Basic Income*, Cambridge: Polity Press, 2019.

7 K. Widerquist, *A Critical Analysis of Basic Income Experiments for Researchers, Policymakers, and Citizens*, London: Palgrave, 2018.

8 D. Raventós, *Basic Income: The Material Conditions of Freedom*, London: Pluto Press, 2007.

9 M. Lawhon and T. McCreary, "Beyond Jobs vs Environment: On the Potential of Universal Basic Income to Reconfigure Environmental Politics," *Antipode* 52(2), 2020: 452–74.

10 G. D'Alisa and C. Cattaneo, "Household Work and Energy Consumption: A Degrowth Perspective: Catalonia's Case Study," *Journal of Cleaner Production* 38, 2013: 71–79.

11 M. Bausells, "Superblocks to the Rescue: Barcelona's Plan to Give Streets Back to Residents,"

Guardian, May 17, 2016, at https://www.theguardian.com/cities/2016/may/17/superblocks-rescue-barcelona-spain-plan-give-streets-back-residents.

12 Xarxa d'economia solidária de Catalunya (XES), "15 mesures cap a l'Economia Social i Solidária als municipis," at http://xes.cat/wp-content/uploads/2019/04/15mesures_2019.pdf.

13 N. Ashford and G. Kallis, "A Four-Day Workweek: A Policy for Improving Employment and Environmental Conditions in Europe," *European Financial Review*, April–May 2013: 53–8.

14 Federal Motor Carrier Safety Administration (FMCSA), Summary of Hours of Service Regulations (2017), at https://www.fmcsa.dot.gov/regulations/hours-service/summary-hours-service-regulations.

15 K.W. Knight, E.A. Rosa, and J.B. Schor, "Could Working Less Reduce Pressures on the Environment? A Cross-National Panel Analysis of OECD Countries, 1970–2007," *Global Environmental Change* 23(4), 2013: 691–700.

16 J. Boyce, *The Case for Carbon Dividends*, Cambridge: Polity Press, 2019.

17 D. Roberts, "The 5 Most Important Questions About Carbon Taxes, Answered," (2019), Vox, at https://www.vox.com/energy-and-environment/2018/7/20/17584376/carbon-tax-congress-republicans-cost-economy.

18 Office of the Under Secretary of Defense, National Defense Budget Estimates for FY 2020, at https://comptroller.defense.gov/Portals/45/Documents/defbudget/fy2020/FY20_Green_Book.pdf.

19 T. Piketty, *Capital in the 21st Century*, Cambridge, MA: The Belknap Press of Harvard University Press, 2014. トマ・ピケティ『21世紀の資本』（山形浩生・守岡桜・森本正史訳、みすず書房、2014年）; E. Saez and G. Zucman, *The Triumph of Injustice: How the Rich Dodge Taxes and How to Make Them Pay*, New York: W.W. Norton & Company, 2019. エマニュエル・サエズ、ガブリエル・ズックマン『つくられた格差　不公平税制が生んだ所得の不平等』（山田美明訳、光文社、2020年）

20 Tax Policy Center, Urban Institute & Brookings Institution, "Historical Highest Marginal Income Tax Rates," (2018), at https://www.taxpolicycenter.org/statistics/historical-highest-marginal-income-tax-rates.

21 J. Stiglitz and M. Pieth, "Overcoming the Shadow Economy," *International Policy Analysis*, November 2016, at https://library.fes.de/pdf-files/iez/12922.pdf.

22 S. Pizzigati, *The Case for a Maximum Wage*, Cambridge: Polity Press, 2018.

23 次の資料を参照。https://www.wagemark.org.

24 G. Morgenson, "Portland Adopts Surtax on C.E.O. Pay to Fight Income Gap," *New York Times*, December 7, 2016, at https://www.nytimes.com/2016/12/07/business/economy/portland-oregon-tax-executive-pay.html.

25 A. Hornborg, "How to Turn an Ocean Liner: A Proposal for Voluntary Degrowth by Redesigning Money for Sustainability, Justice, and Resilience," *Journal of Political Ecology* 24(1), 2017; Positive Money, "Escaping Growth Dependency," (2018), at https://positivemoney.org/publications/escaping-growth-dependency.

26 J. Hickel, "Aid in Reverse: How Poor Countries Develop Rich Countries," *Guardian*, January 14, 2017, at https://www.theguardian.com/global-development-professionals-network/2017/jan/14/aid-in-reverse-how-poor-countries-develop-rich-countries.

27 J. Martínez-Alier, "Ecological Debt and Property Rights on Carbon Sinks and Reservoirs,"

Capitalism Nature Socialism 13(1), 2010: 115–19.

第 5 章
人々を動かすための戦略

1 E.O. Wright, *Envisioning Real Utopias*, New York: Verso Books, 2010.

2 D. Noonan, "The 25% Revolution– How Big Does a Minority Have to Be to Reshape Society? " *The Scientific American*, June 8, 2018, at https://www.scientificamerican.com/article/the-25-revolution-how-big-does-a-minority-have-to-be-to-reshape-society.

3 M. Taylor, "Majority of UK Public Back 2030 Zero- Carbon Target– Poll," *Guardian*, November 7, 2019, at https://www.theguardian.com/environment/2019/nov/07/majority-of-uk-public-back-2030-zero-carbon-target-poll.

4 J. Elks, "Havas: 'Smarter' Consumers Will Significantly Alter Economic Models and the Role of Brands," (2014), Sustainable Brands, at https://sustainablebrands.com/read/defining-the-next-economy/havas-smarter-consumers-will-significantly-alter-economic-models-and-the-role-of-brands.

5 F. Demaria, "When Degrowth Enters the Parliament," *The Ecologist*, January 16, 2017, at https://theecologist.org/2017/jan/16/when-degrowth-enters-parliament.

6 S. Samuel, "Forget GDP– New Zealand is Prioritizing Gross National Well-Being," Vox, June 8, 2019, at https://www.vox.com/future-perfect/2019/6/8/18656710/new-zealand-wellbeing-budget-bhutan-happiness.

7 K. Aronoff, "Is Nationalization an Answer to Climate Change? " The Intercept, September 8, 2018, at https://theintercept.com/2018/09/08/jeremy-corbyn-labour-climate-change.

8 J. Gray, *Gray's Anatomy: Selected Writings*, London: Penguin Books, 2010, p. 127.

9 J. Gray, "Why the Greens Should Stop Playing God," UnHerd, June 3, 2019, at https://unherd.com/2019/06/climate-change-and-the-extinction-of-thought.

10 D. Harvey, "Why Marx's Capital Still Matters," *Jacobin*, July 12, 2018, at https://www.jacobinmag.com/2018/07/karl-marx-capital-david-harvey.

11 J. Chan and J. Curnow, "Taking Up Space: Men, Masculinity, and the Student Climate Movement," *RCC Perspectives* 4, 2017: 77–85.

12 C. Dengler and L.M. Seebacher, "What About the Global South? Towards a Feminist Decolonial Degrowth Approach," *Ecological Economics* 157, 2019: 247.

13 A. Escobar, "Degrowth, Postdevelopment, and Transitions: A Preliminary Conversation," *Sustainability Science* 10(3), 2015: 451.

14 A. Beling, J. Vanhulst, F. Demaria, V. Rabi, A. Carballo, and J. Pelen, "Discursive Synergies for a 'Great Transformation' Towards Sustainability: Pragmatic Contributions to a Necessary Dialogue Between Human Development, Degrowth, and Buen Vivir," *Ecological Economics* (144), 2017: 304–13.

15 B. Rodríguez-Labajos, I. Yánez, P. Bond, L. Greyle, S. Munguti, G. Uyi Ojo, and W. Overbeek, "Not So Natural an Alliance? Degrowth and Environmental Justice Movements in the Global South," *Ecological Economics* 157, 2019: 176.

16 S. Paulson, "Pluriversal Learning: Pathways Toward a World of Many Worlds," *Nordia Geographical Publications* 47(5), 2019: 85–109.

17 次の資料を参照。Global Tapestry of Alternatives (GTA): https://globaltapestryofalternatives.org.

18 M.E. Mann, "Radical Reform and the Green New Deal," *Nature* 573, 2019: 340–1, at https://www.nature.com/articles/d41586-019-02738-7.

19 P. Nirmal and D. Rocheleau, "Decolonizing Degrowth in the Post-Development Convergence: Questions, Experiences, and Proposals from Two Indigenous Territories," *Nature and Space* 2(3), 2019: 465–92.

［付録］

脱成長に関するよくある23の質問への回答

1 D. Stern, "The Rise and Fall of the Environmental Kuznets Curve," *World Development* 32(8), 2004: 1419–39.

2 データおよびさらなる文献は次の資料を参照。J. Hickel and G. Kallis, "Is Green Growth Possible?" *New Political Economy*, 2019, doi: 10.1080/13563467.2019.1598964.

3 J.K. Steinberger, F. Krausmann, M. Getzner, H. Schandl, and J. West, "Development and Dematerialization: An International Study," *PLOS ONE* 8(10), 2013: e70385.

4 T.O. Wiedmann, H. Schandl, M. Lenzen, D. Moran, S. Suh, J. West, and K. Kanemoto, "The Material Footprint of Nations," *Proceedings of the National Academy of Sciences* 112(20), 2015: 6271–6.

5 Hickel and Kallis, "Is Green Growth Possible?"

6 B. Alcott, M. Giampietro, K. Mayumi, and J. Polimeni, *The Jevons Paradox and the Myth of Resource Efficiency Improvements*, Abingdon: Routledge, 2012.

7 T. Murphy, "Can Economic Growth Last?" Do the Math blog, July 14, 2011, at https://dothemath.ucsd.edu/2011/07/can-economic-growth-last.

8 W.L. Rees, "Don't Call Me a Pessimist on Climate Change. I Am a Realist," The Tyee, November 11, 2019, at https://thetyee.ca/Analysis/2019/11/11/Climate-Change-Realist-Face-Facts.

9 R. York, "Do Alternative Energy Sources Displace Fossil Fuels? " *Nature Climate Change* 2, 2012: 441–3.

10 次の資料を参照。A. Vatn and D.W. Bromley, "Choices without Prices without Apologies," *Journal of Environmental Economics and Management* 26(2), 1994: 129–48.

11 N. Georgescu-Roegen, *The Entropy Law and the Economic Process*, Cambridge, MA: Harvard University Press, 1971. ニコラス・ジョージェスク=レーゲン『エントロピー法則と経済過程』（高橋正立・神里公訳、みすず書房、1993年）

12 M. Giampietro, "On the Circular Bioeconomy and Decoupling: Implications for Sustainable Growth," *Ecological Economics* 162, 2019: 143–56.

13 K. Anderson and A. Bows-Larkin, "Avoiding Dangerous Climate Change Demands De-Growth Strategies from Wealthier Nations," (2013), at https://kevinanderson.info/blog/avoiding-dangerous-climate-change-demands-de-growth-strategies-from-wealthier-nations.

14 C. Le Quéré et al., "Drivers of Declining CO2 Emissions in 18 Developed Economies," *Nature Climate Change* 9(3), 2019: 213–17.

15 次の資料を参照。G. Kallis, *Degrowth*, London: Agenda Publishing, 2018, pp. 77–9.

16 P. Brown, "Cuba's Urban Farming Shows Way to Avoid Hunger," EcoWatch, November 12, 2019, at https://www.ecowatch.com/urban-farming-cuba-2641320251.html.

17 B. Lars-Arvid, L. Leuser, C. Baedeker, F. Lehmann, and S. Thomas, *Energy Sufficiency in Private Households Enabled by Adequate Appliances*, Wuppertal Institut für Klima, Umwelt, Energie, 2015, at https://epub.wupperinst.org/frontdoor/deliver/index/docId/5932/file/5932_Brischke.pdf.

18 R. Gessler and B. Volland, "On the Way to the 2000-Watt Society," (2016), at https://www.stadt-zuerich.ch/portal/en/index/portraet_der_stadt_zuerich/2000-watt_society.html.

19 M. Ravallion, "A Relative Question," *Finance & Development* 49(4), 2012: 40–3.

20 T. Piketty, *Capital in the 21st Century*, Cambridge, MA: The Belknap Press of Harvard University Press, 2014. トマ・ピケティ『21世紀の資本』(山形浩生・守岡桜・森本正史訳、みすず書房、2014年)

21 J. Steinberger, J. Roberts, G. Peters, and G. Baiocchi, "Pathways of Human Development and Carbon Emissions Embodied in Trade," *Nature Climate Change* 2, 2012: 81–5.

22 W.F. Lamb and N.D. Rao, "Human Development in a Climate-Constrained World: What the Past Says About the Future," *Global Environmental Change* 33, 2015: 14–22.

23 Positive Money, "Escaping Growth Dependency," (2018), at https://positivemoney.org/publications/escaping-growth-dependency.

24 Kallis, *Degrowth*, pp. 109–10.

25 人口、移民、脱成長に関する議論の詳細は次の資料を参照。Kallis, *Degrowth*, pp. 180–7.

26 データ、議論、参考文献に関する詳細は次の資料を参照。Kallis, *Degrowth*, pp. 87–95.

27 脱成長のコミュニティをくわしく知りたい方は、次のようなプログラムへの参加をお勧めする。サマースクール(https://summerschool.degrowth.org)、マスタープログラム(https://master.degrowth.org)、隔年開催の脱成長国際会議(https://www.degrowth.info/en/conferences)、フェミニズム・脱成長アライアンス(FaDA– https://www.degrowth.info/en/2017/02/feminisms-and-degrowth-alliance-fada-newly-launched)、グローバル・タペストリー・オブ・オルタナティブズ(https://globaltapestryofalternatives.org)。

＊URLは2020年9月の原著刊行時のものです。

［著者］

ヨルゴス・カリス Giorgos Kallis

スペインのバルセロナ自治大学環境科学技術研究所ICREA教授。専門は生態経済学と政治生態学。都市の成長と水資源開発のかかわりを研究し、近年は「緑の成長」批判に注力している。ジャコモ・ダリサとフェデリコ・デマリアとの編著書に*Degrowth: A Vocabulary for a New Era*（『脱成長　新しい時代を語る言葉』）がある。

スーザン・ポールソン Susan Paulson

アメリカのフロリダ大学ラテンアメリカ研究センター教授。ジェンダー、階級、身体および環境にかかわる人種・民族システムを研究。長年南米各地のコミュニティで、共同研究を行ってきた。

ジャコモ・ダリサ Giacomo D'Alisa

ポルトガルのコインブラ大学社会研究センター・FCT博士研究フェロー。専門はコモンズ・コモニング研究。出身地イタリア南部カンパーニャ州の廃棄物問題や脱成長に向けた政治戦略についても論じる。

フェデリコ・デマリア Federico Demaria

バルセロナ大学の生態経済学および政治生態学の講師。世界各地の環境紛争に関する研究とマッピングを行うプロジェクト「エンバイロンメンタル・ジャスティス・アトラス」に参加。

［訳者］

上原裕美子　うえはら・ゆみこ

翻訳家。訳書に『壊れた世界で“グッドライフ”を探して』『ラマレラ　最後のクジラの民』（ともにNHK出版）、『みんなにお金を配ったら』（みすず書房）、『パンデミック後の世界　10の教訓』（日本経済新聞出版）など。

保科京子　ほしな・きょうこ

翻訳家。訳書に『災害とレジリエンス』（明石書店）、『認知症がはじまった？』（クリエイツかもがわ）など。

［解説］

斎藤幸平　さいとう・こうへい

大阪市立大学大学院経済学研究科准教授。専門は経済思想・社会思想。ベルリン・フンボルト大学哲学科博士課程修了。博士（哲学）。*Karl Marx's Ecosocialism: Capital, Nature, and the Unfinished Critique of Political Economy*（邦訳『大洪水の前に　マルクスと惑星の物質代謝』堀之内出版）によって、ドイッチャー記念賞を日本人初、歴代最年少で受賞。著書に『人新世の「資本論」』（集英社新書、新書大賞2021大賞受賞）、編著書にマルクス・ガブリエルらとの対談集『資本主義の終わりか、人間の終焉か？　未来への大分岐』（集英社新書）など。

校閲　酒井清一
DTP　ドルフィン

なぜ、脱成長なのか
分断・格差・気候変動を乗り越える

二〇二一年四月三〇日　第一刷発行

著者――ヨルゴス・カリス、スーザン・ポールソン、ジャコモ・ダリサ、フェデリコ・デマリア
訳者――上原裕美子、保科京子
解説――斎藤幸平
発行者――森永公紀
発行所――NHK出版
〒一五〇-八〇八一　東京都渋谷区宇田川町四一-一
電話　〇五七〇-〇〇九-三二一（問い合わせ）
〇五七〇-〇〇〇-三二一（注文）
ホームページ　https://www.nhk-book.co.jp
振替　〇〇一一〇-一-四九七〇一
印刷　亨有堂印刷所、大熊整美堂
製本　二葉製本

ISBN 978-4-14-081855-8 C0098